CAPITÁN ABEL VILLACORTA

PRIMER MANUAL DE GUERRA DEL EJÉRCITO DE HONDURAS

(NOCIONES DE FORTIFICACIÓN DE CAMPAÑA: 1912)

ERANDIQUE
COLECCIÓN

PRIMER MANUAL DE GUERRA DEL EJÉRCITO DE HONDURAS
(NOCIONES DE FORTIFICACIÓN DE CAMPAÑA: 1912)
CAPITÁN ABEL VILLACORTA

Supervisión Editorial: Óscar Flores López
Diseño de portada: Andrea Rodríguez—Mariana Turcios
Administración: Tesla Rodas
Director Ejecutivo: José Azcona Bocock
Segunda Edición
Tegucigalpa, Honduras—Noviembre de 2024

Abel Villacorta, en sus tiempos de general de Caballería.

Villacorta, como capitán, cuando
escribió este libro.

DEDICATORIA
AL
GENERAL DON MANUEL
BONILLA

FUNDADOR DE LA ESCUELA MILITAR
Dedico este modestísimo trabajo

EL AUTOR

Tegucigalpa, 18 de septiembre de 1912

DE LOS CERROS A LA ACADEMIA

En 1913, de los talleres de la Tipografía Nacional, ubicada en la Avenida Cervantes número 43, salió el libro Nociones de Fortificaciones de Campaña escrito por el capitán de artillería, Abel Villacorta.

Villacorta era originario de Jesús de Otoro, Intibucá, cuna de grandes guerreros, entre ellos, los dos más distinguidos y famosos: Vicente Tosta Carrasco, brillante estratega de la guerra graduado de la Academia Militar; y Gregorio Ferrera, apodado El Indio, temerario general de cerro.

Cuando Tosta y Ferrera fallecieron, el primero en 1930; el segundo un años después, Abel Villacorta, ya con el grado de general, se desempeñaba como director de la Academia Militar.

A pesar de crecer en medio de tantas guerras, no había en Honduras, señala Villacorta en su introducción, un manual profesional. La formación, con olor a pólvora y gritos de dolor, se daba en los cerros, a bayonetazos y cuchilladas, a tiros y cañonazos.

"Al hacer mis estudios de Cadete en la Escuela Militar, noté la falta de una obra de Fortificación de Campaña, despejada de estudios inútiles para nuestro país, dada la configuración de nuestro suelo y los elementos de que dispone el Estado para su empleo en caso de guerra", explica Villacorta en su prólogo.

"Este libro que Colección Erandique publica es importante porque el capitán Villacorta, que después alcanzaría el grado de general, fue uno de los primeros en impulsar la ciencia militar en Honduras", señala el Jefe del Museo Histórico Militar de las Fuerzas Armadas, historiador y capitán auxiliar de administración, Rommel Velásquez.

Siempre hubo problemas con los manuales militares, porque estos eran producidos en Europa, y nuestro territorio es diferente. No es lo mismo un combate en Waterloo que en Honduras, donde predominan las montañas y los bosques. A eso hay que agregarles las junglas —detalla el capitán Velásquez.

El Jefe del Museo Histórico Militar también resalta el papel que el general Villacorta jugó como director de la Escuela Militar durante el gobierno del doctor Vicente Mejía Colindres.

"El general Villacorta adquirió nuevos implementos militares, entre ellos, uniformes y gorras. Así se dieron los primeros pasos para la profesionalización y reorganización del Ejército", señala el capitán Velásquez.

El libro fue dedicado al general y expresidente Manuel Bonilla.

Esa dedicatoria se dio —explica el capitán Velásquez— porque el general Bonilla fue parte de la profesionalización de nuestro Ejército. En su gobierno se creó el Código Militar, mismo que sigue vigente en nuestras Fuerzas Armadas.

Aunque el paso del tiempo ha llevado ha llevado la estrategia militar a niveles que Villacorta jamás pudo imaginar, este libro es un valioso documento para aquellos coleccionistas de documentos históricos.

ÓSCAR FLORES LÓPEZ
Editor Colección Erandique

INFORME DE LA COMISIÓN

Tegucigalpa, 23 de noviembre de 1912.

Señor Ministro de la Guerra.

Presente.

Para dar cumplimiento a la orden de ese Ministerio, la suscrita Comisión ha leído detenidamente la obra del señor Capitán Abel V. Villacorta, titulada Nociones de Fortificación de Campaña, la cual está formada por un tomo de 130 páginas manuscritas, dividida para su estudio en diez y seis capítulos y acompañada de noventa y nueve figuras. Opina la Comisión que la obra en referencia es de utilidad para el Ejército y para las Escuelas Militares del país, porque en ella se encuentran extractados y expuestos con sencillez y claridad los principios consagrados por la práctica en el arte de fortificar, y que pueden aplicarse en nuestro país.

Somos del señor Ministro muy atentos servidores.

(I) FEDERICO ORDÓÑEZ. (f) MANUEL A. ZELAYA.

PREFACIO

Al hacer mis estudios de Cadete en la Escuela Militar, noté la falta de una obra de Fortificación de Campaña, despejada de estudios inútiles para nuestro país, dada la configuración de nuestro suelo y los elementos de que dispone el Estado para su empleo en caso de guerra.

Las obras que vienen de Europa son demasiado extensas y con principios y reglas sólo aplicables a aquellos países donde los ejércitos están en distintas condiciones al nuestro. Pero no saquemos las cosas de quicio y aceptemos lo provechoso de cualquier parte que venga, y estudiemos las organizaciones y sistemas extraños con mucho interés, pero con gran cordura. No todo lo que viene del extranjero es bueno, ni lo bueno de un país tiene buena aplicación en todos.

Hay principios fundamentales en toda organización que no pueden ni deben ser alterados por nada ni por nadie, sin que se corra el riesgo de trastornar el buen funcionamiento del Ejército.

Comprendiendo la necesidad de una obra elemental sobre el arte de fortificarse, me decidí a escribir el presente libro.

Sería pueril y ridículo creer que mi trabajo es una cosa nunca leída, cuando ya militares eminentemente instruidos han escrito obras completas sobre la materia. Mis esfuerzos se han reducido únicamente a tomar de los mejores autores conocidos lo adaptable a nuestro territorio, a nuestra organización y a nuestros probables sistemas de combate, formando un librito corto, arreglado con claridad y sencillez a fin de facilitar el estudio aun para aquellos oficiales que no hayan salido de la Escuela Militar.

Si esta obra, aunque imperfecta, como todo trabajo producto del hombre, tuviese cabida en el Ejército Hondureño y fuesen llevadas a la práctica las enseñanzas que contiene, para bien de mi Patria, quedarían colmadas mis aspiraciones.

ABEL V. VILLACORTA.

Septiembre—1912

BREVE RESEÑA HISTÓRICA DE LA FORTIFICACIÓN

El origen de la fortificación de campaña corre parejas con el de la fortificación en general, y su empleo data de remotísimos tiempos, siendo ya bien conocido en los sitios de Troya, Tebas y Siracusa.

En los pristinos tiempos, cuando el hombre vivía completamente aislado en la soledad de los bosques, claro está que no era conocida la fortificación, porque no había necesidad de ella; pero a medida que fue formando agrupaciones o entrando en sociedad, conociendo la agricultura y la industria, tuvo riquezas que era necesario salvar de la codicia y la ambición de otras menos trabajadoras.

Es de suponer que el primer medio de defensa de que se valió contra sus enemigos fue la ocultación de él y de lo que poseía, en las cavernas, grutas, bosques, etc.; pero que bien pronto no fue suficiente esto y entonces eligieron sitios bastante accidentados del terreno, como las cimas de inaccesibles montañas, las islas de los lagos, los islotes de los ríos caudalosos, o estableciéndose en zonas divididas por éstos. Pero todas estas defensas naturales iban siendo inútiles o accesibles a los enemigos, y para defenderse mejor, era preciso recurrir a otros medios, es decir a medios artificiales, como los recintos formados de muros de piedra en seco, las cercas de plantaciones de corpulentos árboles, muy cerca los unos de los otros, la construcción de anchas y profundas zanjas, con sus taludes verticales; la formación de inundaciones artificiales; el empleo de ramaje y troncos de árboles colocados en derredor de las posiciones naturales; y, por último, la fundación de ciudades flotantes edificadas sobre pilotaje, tales como las que existieron en algunos lagos de Europa y, especialmente, en los de Suiza, en los cuales aún se encuentran restos que testifican la verdad de una de las etapas por qué ha pasado la fortificación.

Cuando las diversas agrupaciones de familias o tribus alcanzaron un grado más de civilización, formaron naciones o estados. Entonces va no fue suficiente para las luchas, en defensa de intereses comunes, la fortificación conocida, y apareció la fortificación permanente con las construcciones de las murallas de la China y los recintos de Babilonia y Nínive.

Al progresar el arte de la guerra, el combate cuerpo a cuerpo fue bien pronto sustituido por el combate a larga distancia y de ejércitos entre sí. La defensa pasiva fue cambiada por la defensa activa. Entonces se hizo sentir más la necesidad de elegir en el terreno las posiciones o lugares más convenientes para el combate, creciendo así en importancia el empleo de la fortificación, ya durante el sitio de una plaza, ya en los combates en campo abierto (raso), ya durante los altos o reposos que precisamente necesitaban los ejércitos en movimiento para estar al abrigo de cualquier ataque de sorpresa.

En el primer caso o sea en el sitio de una plaza, la aislaban y la privaban de las comunicaciones con los pueblos vecinos, diseminándose el ejército sitiador en derredor de la ciudad, y resultaba entonces el grave defecto de que, aun siendo tres veces mayor en número, quedaba en peores condiciones que el ejército sitiado, por la debilidad en todos sus puntos, no sólo contra los ataques de éste, sí que también contra los ataques que pudieran provenir de un ejército protector de la plaza sitiada. Para corregir dicho inconveniente, se recurrió a la fortificación de campaña.

La primera obra de esta clase en que puede verse mejor el arte y su importancia es la que construyó Julio César en el bloqueo de Alesia. Formó dos líneas de fortificación al rededor, (líneas que conocemos hoy con el nombre de circunvalación y contravalación: la primera es la exterior con relación a la plaza, y la segunda es la interior con respecto a la misma (fig. 1). En contorno de la ciudad y a una distancia conveniente, se hizo una profunda excavación de taludes verticales, llamada foso, de 6 varas 2 pies de ancho; y a 133 varas 1 pie atrás de este foso, se construyeron dos más de 5 varas de ancho. Uno de éstos, el más próximo a la ciudad, se llenó de agua, poniéndolo en comunicación con un río inmediato.

Con las tierras extraídas de estos fosos, y atrás de ellos, se formó un macizo de tierras, al que los romanos llamaban *agger*, y una empalizada, *vallun*. En este vallun se aplicaba un tejido de ramas de árboles, en el cual se dejaban *troneras y almenas*. Para darle mayor fuerza de protección a la obra, se construyeron torres de madera, distantes una de otra, 26 varas 2 pies. También se construyeron delante de la línea formada, pequeños fosos u hoyos, conocidos hoy con el nombre de pozos de lobo, y en el fondo de los cuales se clavaron púas o piquetes; colocando también, entre foso y foso, troncos y ramas de árboles gruesos. De esta manera quedaban formadas las dos líneas de contravalación y circunvalación.

En el segundo caso, o sea cuando se combatía en campo raso, el más inferior en número trataba de mejorar sus condiciones de defensa, sirviéndose de los atrincheramientos y de los puntos del terreno más convenientes para dicho objeto, los que, además, eran reforzados con obstáculos artificiales destinados a impedir el avance del enemigo por el frente y por los flancos.

Los lacedemonios parece que fueron los primeros que se sirvieron de los atrincheramientos en la batalla de Selacia contra el numeroso ejército macedonio, y después adoptados con éxito glorioso por el Gran Alejandro en la batalla de Arbelas, en la cual el ejército persa quedó completamente vencido.

En el tercer caso, o sea durante el reposo de los ejércitos, se precavían éstos de las sorpresas rodeando el campamento de un recinto fortificado, el cual tenía por objeto, algunas veces, guardar la impedimenta durante el combate, y en otras, servir de lugar de concentración y refugio en caso de derrota. Sólo por este medio se evitaba el desastre que traía consigo un ataque inesperado.

Los griegos en sus campañas militares hacían poco aprecio de la fortificación de campaña y protegían de preferencia sus campamentos por los accidentes del terreno. Sin embargo, algunas veces, los rodeaban de un foso con palizada.

La disposición que adoptaban para la fortificación permanente consistía en una muralla de gran longitud, de forma poligonal, almenada y con torres cuadradas o redondas. Algunas veces se construía en derredor de la obra un foso de contraescarpa muy rápida. Como perfeccionamiento en el arte introdujeron los fuertes destacados. Y es de advertir, que de todas las ciudades helénicas sólo Esparta no estaba fortificada porque sus leyes se lo vedaban. Usaban dos métodos de sitios regulares, fuera del bloqueo, asalto y sorpresa de plazas, con terraza y sin ella. El primero consistía en construir un ancho glásis con el frente de dos o más torres de la muralla; estableciéndose, además, baterías para la destrucción de las murallas. El segundo método consistía en construir dos líneas: una de circunvalación y otra de contravalación. Se despejaba el terreno, estableciéndose, además, baterías protegidas por cortinas de madera, cuero o redes de cordel, haciéndose avanzar de una manera lenta v progresiva las tortugas y las galerías de comunicación, fabricadas de madera, para aproximarse fácilmente al foso y a la muralla con el objeto de rellenarlo y aplicar minas. Para asaltar la muralla hacían avanzar análogamente los *helépolis.*

Los defensores trataban de impedir estos trabajos de los atacantes, colocando bajo el muro catapultas y balistas; y, para contrarrestar el efecto de las minas, hacían contraminas. Para amortiguar el golpe de las máquinas de abrir brecha, se empleaban colchones, se reforzaba el muro o se procuraba quebrar la cabeza de la palanca, o si era posible, se pescaba con anillos de hierro.

Los romanos, en la época de su preponderancia militar, aplicaron en varias ocasiones la fortificación de campaña dirigidos por César, quien la perfeccionó algo más, llegando a construir cabezas de puente, barricadas. pozos de lobo, trincheras, etc. Enseñó a sus tropas a construir estas obras con admirable rapidez y esto le facilitó envolver a Pompeyo en Duranchiun con una línea fortificada de veintisiete mil metros. Generalmente la fortificación en los alojamientos estaba separada de las líneas exteriores.

Se acampaba por la noche de la siguiente manera. Elegían el terreno conveniente y apropiado para hacer una defensa, y en él situaban el campamento-generalmente de forma cuadrada -y lo rodeaban de una empalizada que se formaba de estacas puntiagudas y endurecidas al fuego, para lo cual cada soldado tenía la obligación precisa y reglamentaria de llevar una de consigo. Esta empalizada, vallun, (fig. 2) se colocaba sobre las tierras que se extraían de un foso de sección triangular y cuyo macizo de tierra formaban el agger de que hemos hablado ya.

La fortificación permanente de los romanos está dividida en tres épocas, y son:

1ª La del crecimiento de Roma;

2ª La de su apogeo; y,

3ª La de la decadencia.

En la primera época se defendían sirviéndose más de sus armas que de la fortificación; pero a pesar de esto supieron defender a Roma con una muralla de 20.000 metros de perímetro; también defendieron el Capitolio por medio de un castillo construido en el centro.

La segunda o sea del apogeo, se conoce por la forma elíptica, con dos murallas paralelas distantes entre sí 4 metros, rellenado el espacio con tierra hasta la altura del parapeto v aspillerado por encima. La muralla era franqueada por dos torres distantes uno de otros 80 metros. Además, tenía en el interior un patio amurallado y cuatro puertas retiradas hacia á dentro.

En la tercera se fortificaron ríos y ciudades, se reforzaron las murallas con torres de una altura máxima de 30 metros y se emplearon los fuertes destacados de que ya se habían servido los griegos.

Al caer el imperio de Roma, todas las artes quedaron sumidas en un caos profundo. El arte de la guerra fue objeto de los más bárbaros procedimientos. La fortificación de campaña casi desapareció; y las pocas aplicaciones que de ella se hicieron, eran de carácter defensivo--pasivo, como en los primitivos tiempos, sirviéndose de las impropiamente nombradas defensas accesorias. Para defenderse contra la caballería emplearon los caballos de frisa, que consistían en trozos gruesos de madera, atravesados por varias estacas aguzadas.

En este período medioeval —caracterizado por el feudalismo— se construyeron las llamadas atalahayas, obras de fortificación permanente de que se sirvió Carlos--Magno en sus conquistas. Estas obras consistían en torres cuadradas o redondas, muy distantes unas de otras, y construidas en las alturas o lugares apropiados para ser defendidas por dos o tres hombres, ínterin llegaban recursos de protección.

Con el renacimiento del arte militar en el siglo XVI, renació también el arte de fortificarse, pero con algunas modificaciones. Se disminuyó la altura del parapeto, fue aumentado el tamaño de las torres, se construyeron caballeros (grandes espaldones de tierra), en el interior de las obras; y, por último, el flanqueo se basaba en los fuegos oblicuos.

En 1527, tuvo su origen la fortificación bastionada en el sitio de Verona.

Los traveses para defenderse contra los fuegos de enfilada tuvieron su primer empleo en 1557.

En cuanto a la fortificación de campaña se utilizaron los parapetos, fortines y medias lunetas alrededor de los campamentos.

A Montelus se debe la idea de prolongar la trinchera a derecha e izquierda; con el objeto de formar reductos o plazas de armas en donde se colocaban los sostenes que debían proteger a los trabajadores.

Errard de Bar-le-Duc, ingeniero francés, introdujo algunas mejoras en la fortificación a principios del siglo XVII. En este mismo siglo, Vaubán fue el «apóstol de la fortificación abaluartada francesa,» y bajo su dirección se construyeron plazas fuertes desde 1662 a 1706. En las plazas que este célebre ingeniero proyectó, usó las obras exteriores: revelline a media luneta, terraza, contra guardia y hornaveque. Ideó practicar una cortadura en la gola de un baluarte, a fin de separarla del cuerpo principal, de manera que la pérdida de uno de ellos no significara la de la plaza entera. En cuanto a la fortificación de campaña se empleó frecuentemente en los campos de batalla.

Los numerosos sitios en la época de Luis XIV, hicieron progresar algo el arte de defensa, pero preponderaron siempre las ventajas del ataque. Vaubán dio reglas y principios que conservan su valor hasta hoy día. Se abrían, zanjas que pudieran permitir a el atacante marchar a cubierto hasta aproximarse; eran construidas al descubierto o cubierto del enemigo, y tenían la forma de un zigzag, a fin de que la artillería enemiga no la destruyera. Estos zigzags estaban unidos por paralelas.

En el siglo XVIII recibió la fortificación algunas mejoras introducidas por Cormantaigne en Francia. En cuanto a lo demás, permanecieron fieles a los principios de Vaubán.

Los campamentos atrincherados no se abandonaron aún.

Federico redujo la construcción de obras de fortificación a lo indispensable para proteger sus nuevas fronteras, empleando en ellas economía extremada con perjuicio de su solidez, lo que dio lugar a que pronto cayera en descrédito, porque era imposible la resistencia en toda una frontera. Esto se vio claramente en 1704, cuando los españoles defendían los Países Bajos, que, a pesar de haber puesto todos los medios para impedir la entrada del ejército aliado, el enemigo, mandado por Marlborougch, logró pasar, y desde entonces el sistema adoptado de fortificación, desapareció.

¡¡Reservado estaba a las armas modernas ser las reformadoras de la fortificación!! Al fusil de precisión y a la artillería lisa, siguió el fusil y artillería rayada, con inventos nuevos y perfeccionados adelantos, se reformó el arte de la fortificación, levantándose de la inercia en que se encontraba, desde a fines del siglo XVIII, y con razón Napoleón había dicho que el arte de la fortificación «estaba en pañales» con relación a las demás ramas del arte militar.

La necesidad de los abrigos blindados contra proyectiles explosivos se hizo sentir en la guerra separatista de los Estados Unidos en 1861, y fue entonces cuando tuvo su origen la trinchera abrigo; y la fortificación semi-permanente.

El empleo de los atrincheramientos tuvo gran exigen la guerra francoalemana en 1870-71. Los franceses emplearon en operaciones defensivas la fortificación rápida en Spickeren y Amanvillers. La forma táctica en las obras de fortificación de campaña tiene su origen en el bloqueo de Metz y París.

En Plena emplearon los turcos atrincheramientos con buenos resultados, para defenderse contra los rusos en 1877.

La guerra anglo-boer ofrece muchos ejemplos del empleo de la fortificación.

En la guerra rusojaponesa se hizo aplicación de la fortificación no sólo por los japoneses sino también por los rusos. Estos últimos fortificaron varias posiciones, principalmente Puerto Arturo y Nanchau. En el comienzo de la guerra, en el mes de febrero, el ilustre general de Ingenieros Kondratenko, el que había de ser el verdadero héroe de Puerto Arturo, fue quien organizó la posición defensiva de Nanchau; arregló las obras deterioradas y las completó con otras nuevas. Cuatro meses después, es decir en abril, estaban terminadas, y se perfeccionaron en este mes y el de mayo, de tal manera que el 25 de este último mes, en que fueron atacadas, ya habían concluido los trabajos. Constituían esta posición defensiva tres líneas de trincheras apoyadas en reductos y lunetas de tierra, provistas de abrigos con blindajes de madera y numerosas baterías.

Completaban la defensa gran copia de alambradas, fogatas y otros recursos de la fortificación de campaña. En los reductos y lunetas en que, por la naturaleza rocosa del suelo, no podía profundizarse el foso a más de un metro, se aumentó el obstáculo con alambradas.

Hoy en día la fortificación se usa adaptándose al terreno y no sujetándose a cálculos y figuras geométricas. Siempre será conveniente no olvidar los medios de que se dispone y el objeto a que se destinan las obras.

I

GENERALIDADES

Principiando el estudio de la fortificación, como una rama de la táctica, veremos que ningún combate se resuelve si no es tomando en cuenta el terreno. Este unas veces favorece y otras es obstáculo para obtener el triunfo. De ahí nace la idea de modificarlo en provecho propio. Al conjunto de medios que se emplean con este fin se denomina fortificación.

Esta proporciona los siguientes medios:

1° Para allanar los obstáculos que se oponen a las maniobras, aumentando la viabilidad del terreno, o, por el contrario, crearlos para dificultar las del enemigo;

2°. Para formar pantallas que oculten las tropas propias a las vistas del enemigo o suprimir las que protejan a éste; y,

3° Elevar obstáculos o reformar los que el terreno ofrece para preservar del efecto de las armas enemigas y aumentar las de las propias.

Los medios que la fortificación pone al servicio de la táctica, teniendo en cuenta las exigencias del combate, son: para aumentar la viabilidad, habilitar caminos estableciendo puentes sobre las cortaduras del terreno, abriendo brechas a través de los obstáculos o construcciones, fijando por medio de señales los caminos de columnas, haciendo las ligeras modificaciones para que se facilite el tránsito de las varias armas, disminuirlo o imposibilitarlo en el terreno que el enemigo ha de atravesar, con el fin de que pierda su cohesión y esté más tiempo bajo el fuego; para este fin crea talas ó inundaciones, alambradas, destruye las construcciones, etc:

Al objeto de preservar a las tropas de las vistas del enemigo, crea plantaciones o modifica las que existen, y para que se vean las del contrario, despeja el campo de tiro, aclarando o cortando árboles, derribando construcciones, allanando zanjas. Para preservar

de los fuegos, modifica las formas del terreno, ya construyendo obras de tierra, ya acomodando convenientemente las cunetas de un camino, las tapias de un cercado, un pueblo o caserío.

Aunque el fusil v la pala deben ser hoy en día camaradas inseparables, no vaya a creerse que la fortificación es el todo para obtener un triunfo, es solamente un medio: hoy no se lucha por la posesión del terreno, elemento sin valor táctico absoluto, sino por la destrucción del hombre. A toda idea de modificación del terreno es necesario que preceda una idea táctica; a ella sigue el empleo de la fortificación. Entenderlo de otro modo, someter la primera a la segunda, es desconocer el espíritu de combate, su esencialidad.

Se puede triunfar sin emplear la fortificación y aun a pesar de ella. Durante mucho tiempo la fortificación, no solamente no se ha considerado subordinada a la táctica, sino que se ha dicho que ésta debía estar sometida a ella. J. Borneque, en su obra titulada "La fortificación en la última guerra de Oriente", página 337, dice: "Los trabajos de campaña habían ocupado la atención de los rusos antes de la guerra; pero estaban dirigidos con un criterio más teórico que práctico, en el sentido de que en la mayoría de los casos se hacía de ellos un ejército aparte y no relacionado con una idea táctica y de maniobras".

Las ideas han hecho una evolución tan completa y dirigido en un sentido tan positivo en estos últimos tiempos, que el Capitán V. Deguise, del cuerpo de ingenieros belga, en su reciente obra "Le fortification passagere en liasión avec la táctique", dice que "la fortificación pasajera debe ser considerada como un medio o útil puesto a disposición de la táctica.

Es preciso no perder de vista que el problema de la fortificación está subordinado a las formaciones tácticas, o, en otros términos, la concepción de las formas de fortificación está íntimamente ligada con la manera de combatir, y si en la determinación de los medios defensivos se olvida o descuida esta idea táctica, el útil pierde su mérito y deja de serlo para constituir un embarazo.

Las moniobras y el fuego son los dos medios principales de la táctica: por consiguiente, en el orden de primacía, las modificaciones que conviene hacer en el terreno son las que favorecen al empleo de éstas. Después siguen las que se refieren a preservarse de las vistas y fuegos del enemigo. Teniendo presente la eficacia de las armas actuales, es indudable que obtendrá grandes resultados el que vea al contrario y no sea visto por él. Esto adquiere más importancia por las pólvoras actuales, que no revelan la situación de la infantería por el humo y sólo la de la artillería por el resplandor de los disparos.

La fusilería obliga hoy a que se aumente el espesor de los parapetos y se les disimule por su poco relieve, y a la creación de cortinas: quita importancia a los árboles y otros objetos, como cubiertas contra el fuego, efecto de gran penetración, etc.

La mayor tensión de la trayectoria de las armas actuales permite desenfilar gran espacio detrás de una obra hasta de pequeño relieve.

La artillería no obliga a modificaciones en la fortificación pasajera; únicamente contra los morteros de campaña y la granada explosiva será conveniente establecer disposiciones especiales.

En la guerra de maniobras o gran guerra, el empleo de la fortificación está limitado por la falta de tiempo para ejecutar los trabajos: no obstante, cabe siempre su empleo: este será mayor en la batalla premeditada que en la de encuentro, y también en las guerras que no se pueden resolver con esa rapidez.

Empleo de la fortificación. —Antes de emprender los trabajos de fortificación, es preciso saber si se trata de un combate principal ó decisivo, o solamente secundario, la dirección probable del ataque y la distribución de las tropas propias.

La fuerza principal de la defensa consiste en la acción de los fuegos; por eso debe despejarse el campo de tiro si se cuenta con tiempo y medios, cuando menos hasta 600 o 700 metros.

La organización de atrincheramientos importantes o puntos de apoyo de una posición defensiva lleva en sí la creación de cuatro elementos: parapeto para cubrirse del fuego; antifaz o máscara para ocultarse de las vistas: despejo del campo de tiro, con el fin de aumentar la eficacia de las armas; y defensas accesorias, que obran como elementos retardatrices sobre el atacante.

Todo atrincheramiento de fortificación pasajera de be: primero, proporcionar al defensor una posición de combate que le permita hacer uso de sus armas exponiéndose lo menos posible a los fuegos del enemigo; segundo, una posición de espera en la que se sitúen los defensores hasta que les llegue el momento de intervenir directamente en el combate.

Los trabajos de fortificación rápida pueden además tener por objeto constituir abrigos para las reservas, espaldones para artillería, reductos. Si hay tiempo disponible, se blindan las obras.

La fortificación se aplica también a la modificación de los accidentes, artificiales o naturales, caminos, pueblos, setos, bosques, ríos o arroyos, con el fin de reforzar sus condiciones para el aprovechamiento táctico. Deben facilitarse las relaciones tácticas entre las tropas de la defensa, la ofensiva, de las reservas de sector y el contra ataque, allanando obstáculos, construyendo puentes, abriendo brechas en cercas de posesiones, etc.

La distribución de las distintas obras y su ocupación no puede responder a ideas contrarias a las expuestas respecto al mecanismo de la defensa. Ya hemos dicho que la fortificación no es más que un medio de la táctica, un accesorio, y no puede someterse lo secundario a lo principal. No se podrá ocupar todo un frente sin solución de continuidad.

El campo defensivo debe constituir no más que una línea principal, ocupando la situación para la línea de fuego de fusil, y reforzada con obras de fortificación, ya sean de tierra o por modificación de los accidentes artificiales. Ya se dijo que no convenía ocupar todo el frente sin solución de continuidad; las obras han de agruparse, naturalmente, donde se encuentren las tropas, determinando en su trazado las líneas del orden de combate. Para un batallón de primera línea que tenga tres compañías entre líneas de tiradores y reservas y deje otra en reserva de batallón, se construyen las trincheras correspondientes a las compañías de la línea de fuego; la reserva se sitúa cubierta con los accidentes del terreno o con obras especiales. A veces cuando el terreno lo requiere en un saliente por ejemplo], si hay tiempo, se apoyan los flancos de los batallones con reductos; grupos de ellos o trincheras que circunscriban terreno. Si hay algún pueblo, o caserío o bosque comprendido en la línea principal del frente, se habilitará según sus condiciones.

La artillería se sitúa en los lugares dichos, construyendo espaldones o cuando menos pequeñas zangas para sirvientes, sobre todo pantallas. Preciso es tener presente, que todas las obras que se construyan deben disimularse, y en cambio se aconseja que se construyan obras que no se ocupen y que se vean bien para que el enemigo las tome de blanco. La pólvora sin humo o de poco humo dificulta apercibir el engaño.

Como el mecanismo de la defensa en el interior, del campo defensivo, consiste en acometer con las reservas al enemigo que invada el terreno de la línea principal, la organización interior del campo de batalla debe reducirse a la creación de puntos de apoyo, que se utilicen por las reservas como ejes de maniobra; en los intervalos de los puntos de apoyo y a su abrigo, maniobran las reservas y arrojan al enemigo de la posición; aunque logre avanzar ha de encontrarse en difícil situación si los puntos de apoyo elegidos (pueblos, bosques, alturas), están a 400 o 500 metros entre sí. Al abrigo de ellos se organizan las tropas rechazadas de la línea de fuego, se da tiempo para la llegada de refuerzos y se lanzan las columnas para arrojar al enemigo de la posición a toda costa, o bien se gana tiempo para la preparación de la posición de retirada; estos puntos de apoyo se organizan como obras aisladas; pero esto no constituye una segunda línea de defensa; su carácter es puramente de maniobra.

Los flancos del orden de combate, que sean accesibles y no hayan de ser campo de batalla ofensivo, se preparan para las reservas de ala, bien sea fortificando los pueblos y bosques, o construyendo obras de tierra o grupos de ellas escalonadas.

En el campo ofensivo hay que despejar todo obstáculo que se oponga al contraataque de las reservas. A este fin se habitan los caminos para asegurar la continuidad del movimiento y relaciones entre las tropas.

Las defensas accesorias únicamente deben construirse en las partes del frente de combate donde se quiera limitar o retardar el avance del contrario.

Cuando el defensor es inferior numéricamente, no es posible el contraataque, y no puede haber más que reacciones ofensivas locales al penetrar el enemigo en la posición; en este caso, ésta se prepara con el mayor número de obstáculos posibles para impedir la aproximación del contrario y detenerlo bajo los fuegos de la defensa.

La mejor preparación para la retirada es habilitar desembocaduras o caminos desde la posición hacia las vías que se harán de utilizar con dicho fin.

Los caminos que han de seguir las columnas durante el despliegue; deben habilitarse y señalarse con jalones, banderolas, hombres a caballo u otras indicaciones. La extensión de los trabajos depende del tiempo de que se disponga. Excepción hecha del caso en que éste sea ilimitado, puede ocurrir:

1° Que se disponga de algunas horas y entonces, uniendo el proyecto de obras rápidas la idea táctica, cada fuerza ejecuta los trabajos que ha de defender; así se asegura la íntima relación entre la idea de la fortificación y la táctica. Los trabajos en orden de preferencia son: despejo del campo de tiro, comunicaciones, cubierto u obstáculos, cortinas, máscaras o antifaces y defensas accesorias. Las tropas de ingenieros deben hacer las obras de mayor importancia, las demás no deben trabajar mucho para evitar que estén fatigadas al principiar el combate.

2° Caso: Que se trabaje durante el combate: únicamente las tropas técnicas hacen lo que sea de más interés y practicable.

3° Por la noche, después del combate, las mismas refuerzan la posición conquistada o la que se defiende.

La fortificación en su aspecto moral. —A la parte de la fortificación que tiene por objeto crear cubiertos contra el fuego del contrario (trinchera, modificación de muros, etc.), se le atribuye el que las tropas pierdan la acometividad: los hechos de la guerra civil en España concurrieron en favor de esa idea: los carlistas nunca abandonaron sus posiciones para emplear fuerzas considerables en el contraataque; apenas se apartaban algunos centenares de metros de sus trincheras en sus reacciones ofensivas: otro tanto aconteció a los turcos en la campaña de 1877-78. No obstante, en ambas guerras y en la de 1870 se obtiene buenos resultados del empleo de la fortificación cuando no se erige en sistema, sino en que se hace uso de ella como elemento de utilidad pasajera al que se abandona en el momento que precisa resolver el combate. No reside, por consiguiente, el inconveniente en la fortificación, sino en abusar de ella, llegando a concederle un valor de que carece. La decisión del combate no se obtiene sino por el avance a pecho descubierto y al arma blanca.

Rodearse de obstáculos para impedir que el enemigo los aborde, es crearlos contra nosotros mismos. Es difícil, sin duda, que el acostumbrado a hacer fuego a mansalva, se lance a la lucha a pecho descubierto.

Hay quien supone que ante la eficacia de las nuevas armas se impone un constante empleo de la fortificación: casi se viene a preconizar el empleo de la batalla atrincherada, la lucha entre la bala y la pala: estos medios los emplearán los ejércitos sin disciplina ni cohesión, en los que el mando carezca de energía y conocimientos: así la guerra será anodina e interminable, imposible en el actual estado social; pero no los que son poseedores de esas virtudes guerreras, que sepan prodigar su generosa sangre para alcanzar el laurel de la victoria!.

Es cosa distinta la economía de fuerzas que el fundar un método de combate en la preservación de las tropas, en guarecerse; lo primero permite disponer de ellas en el momento preciso; lo segundo nos permite también contar con multitud de hombres, en todo momento, pero inhábiles, incapacitados para el combate, serán pacíficos obreros, no combatientes violentos. La guerra actual está caracterizada por la energía más violenta, por la acometividad extrema: todo lo que conspire contra esa tendencia debe desecharse como perjudicial.

Los atrincheramientos deben, pues, limitarse a constituir un resguardo pasajero.

II

Definición -división de la Fortificación. -Útiles y materiales más usados en la construcción de obras.

Definición. La fortificación es una parte importante del arte de la guerra, que tiene por único objeto la preparación del terreno para el combate. Su empleo ha venido a compensar la superioridad en número del ofensor con la ventaja de la posición que ocupa el defensor, y en algunos casos a mejorar las favorables condiciones de aquél.

División. La fortificación está dividida en dos partes principales, y son: fortificación permanente y fortificación de campaña.

Se llama fortificación permanente aquella cuyas obras se construyen por ingenieros en tiempo de paz, por disposición de los gobiernos, destinadas a la defensa nacional, y que como su nombre lo indica, es de carácter estable y duradero. Regularmente se construyen estas obras en PUNTOS ESTRATÉGICOS. Son puntos estratégicos: los centros populosos, ricos, o de influencia en la comarca donde se encuentran; la capital del Estado; las poblaciones de segundo orden o capitales de región, de provincia, etc.; las plazas fuertes: los puntos obligados de paso de las grandes vías de comunicación, de los cursos de agua, de las cadenas de montañas, cuando la circulación puede impedirse o cortarse en ellas; los nudos de donde arrancan los grandes valles, y los de comunicaciones; las posiciones naturales o artificiales llamadas. posiciones estratégicas, etc.

Se llama fortificación de campaña aquella cuyas obras son construidas en tiempo de guerra con medios limitados, y en los lugares donde se espera un probable ataque del enemigo.

Cuando por razones de las circunstancias y del tiempo de que se dispone, no es posible construir obras de fortificación de campaña, ni durante la paz se habían construido obras de fortificación permanente, se sustituyen, la primera de éstas por la FORTIFICACIÓN RÁPIDA y la segunda por la FORTIFICACIÓN SEMI-PERMANENTE.

Fortificación semipermanente es aquella cuyas obras se construyen provisionalmente, fuera de la presencia del enemigo y con los elementos de que el país dispone cuando se apresta a la guerra o va en ella.

Fortificación rápida es aquella cuyas obras son construidas rápidamente en los campos de batalla y en presencia del enemigo.

Útiles. Son diversos los útiles que se emplean en la construcción de obras de fortificación de campaña, pero los principales son:

1° Los que sirven para el movimiento y arreglo de las tierras, como el zapapico, la piocha, el azadón y la pala, recta o redonda.

2° Los destinados a la corta de árboles y ramaje: el hacha, el marrazo. Llamado entre nosotros machete taco o machete corte, y que nuestros herreros hondureños fabrican con ese nombre. Se usa también el machete Collins.

3° Los que se usan para trazar los atrincheramientos en el terreno: jalones, banderolas, piquetes, cordel de trazar, mazo, plomada, metro de boj y cinta métrica.

Materiales. Los más usados son: tierra, ramaje, adobes, ladrillos, tépes [trozos de tierra arrancados juntamente con la hierba], tapial, madera y sacos terreros.

De todos los materiales mencionados, el principal v más abundante es la tierra. Tiene la ventaja de no descomponerse, y que el hueco o embudo formado por la penetración de un proyectil se rellena por sí mismo inmediatamente, lo que no ocurre con otros materiales.

La naturaleza de las tierras es muy variable, y su influencia es bastante sensible en las obras de fortificación. Entre la arena suelta y la arcilla compacta hay notable diferencia. Es conveniente aprovechar en lo posible arenisca, porque presenta mayor resistencia a la penetración de los proyectiles, con la única desventaja de que se desmorona con facilidad y los taludes tienen que ser muy tendidos.

Al excavar la tierra para formar un terraplén, se observará que aumenta de volumen, es decir, que con la tierra extraída se llena la excavación y sobra algo más. A esta cantidad sobrante se llama esponjamiento, y es proporcional a la clase de tierras, pero tomando el término medio se puede graduar en ¿de la excavación total; de modo que a un volumen de una zanja o trinchera corresponde otro? en el macizo de tierras. Debe tenerse en cuenta este fenómeno en la construcción de las obras de fortificación de campaña al calcular la compensación de DESMONTES y TERRAPLENES.

El peso del metro cúbico de tierra varía de 1.250 kilogramos para la tierra vegetal, á 1.700 para la arcilla; se puede tomar para los cálculos la cifra de 1.500 kilogramos.

Los sacos terreros deben ser de tela fuerte y gruesa, con una cuerda delgada que pase por los ojales que se dejan a los lados de la costura longitudinal. El saco tendrá vacío 0.65 m. de largo y 0.33 m. de ancho, pues si tiene mayores dimensiones, ya lleno de tierra se hace penoso su transporte. Un saco lleno de tierra pesa 20 kilogramos. Para llenarlo se ocupan cinco hombres: dos echan la tierra con las palas, sin piedras ni raíces; otro se coloca entre los dos anteriores y lo sostiene, y, los dos restantes lo amarran de la boca. Con este método se pueden llenar en una hora 150 sacos.

En este trabajo no se recomienda como bueno el uso de la piedra, porque si no se dispone convenientemente, es perjudicial, porque los fragmentos que se producen con el choque de los proyectiles y los rebotes de estos sones peligrosos.

III

Atrincheramientos. -Definiciones. -Nomenclatura del perfil. Medios de ataque. -Medios de defensa

Definiciones. -Llámase atrincheramiento a todas las construcciones que, modificando el terreno para el combate, forman un obstáculo para el que ataca y una protección para el que se defiende.

Las obras que no reúnan estas dos condiciones no constituyen atrincheramientos.

El estudio de los atrincheramientos comprende dos elementos principales: el elemento técnico y el elemento táctico. El primero es el perfil, figura que resulta de suponer cortado el atrincheramiento por un plano vertical, perpendicular a la magistral. El segundo es el trazado o disposición horizontal. Los dos están íntimamente ligados con la clase de ataque que han de sufrir y dispuestos en concordancia con los fuegos de la artillería.

Nomenclatura del perfil. El perfil está dividido en dos partes principales: una protectora y pasiva, y otra protegida y activa. (Fig. 3). En la primera se distinguen dos elementos diferentes: el obstáculo y el macizo protector, o sean el foso y el parapeto; en la segunda también otros dos: la parte activa, que es la banqueta, y la parte protegida, o sea la trinchera interior.

La descripción del perfil es:

T N. -Terreno natural.

B C D E. - -Trinchera interior.

G HI M. -Parapeto.

ÑOPR. -- Foso exterior.

SLN. -Glasis.

B C. Talud exterior.

C D.--Fondo.
DE. --Talud interior.
EF.-Talud de banqueta.
F G. Banqueta.
GH. Talud interior del parapeto.
HI. -Plano de fuegos.
I M. --Talud exterior del parapeto.
MN. --Berma.
NO. Escarpa.
O P.--Fondo del foso.
P R. --Contra escarpa.
R S. - Camino cubierto.
S L. Talud del glasis.

En la trinchera interior los taludes deben formarse con gradines que permitan bajar y subir con facilidad. La banqueta, [parte activa], es el lugar donde se colocan los tiradores. Se llama MAGISTRAL a la línea proyectada en **H**, en la dirección que marca la flecha, y es la que sirve de base para el trazado de la obra. En los planos se representa por una línea más gruesa.

ALTURA del parapeto es la distancia vertical comprendida entre el punto **H** y el punto **K** en la línea del terreno natural.

ESPESOR del parapeto es la distancia horizontal que media entre el punto **H** (cresta interior), y el punto **I** (cresta exterior).

PROFUNDIDAD del foso es la diferencia de altura que existe entre el plano del terreno y el fondo del foso.

El glásis es un macizo de tierras de sección triangular, y tiene por objeto batir mejor el terreno exterior y anular el ángulo muerto; además, sirve para dar colocación a las tierras que no se echen en el parapeto.

El camino cubierto es más propio de la fortificación permanente.

El trazado o disposición horizontal de la obra, está representado en la figura 4.

Conviene tener presente, al construir obras de fortificación de campaña, que debe dárseles un desnivel longitudinal ó trasversal que permita dar fácil salida a las aguas y evitar destrucciones que producen las lluvias. Los desagües podrán conducir al foso ó á pozos especiales.

Medios de ataque. -Sin el conocimiento de los medios que se emplean en el ataque de un atrincheramiento, no podrán oponerse ventajosos medios de defensa, y para ello necesitamos en este trabajo dar una ligera idea.

Bien sabido es que para el ataque se principia con el fuego y se termina con la bayoneta en el asalto de la posición. Para llegar a este último período, es preciso conocer los efectos del primero, o sea el fuego, con relación al terreno, a la línea de tiro, a la dirección con respecto al blanco, y según la trayectoria que describe el proyectil.

Tomando en cuenta el terreno v la línea de tiro se dividen los fuegos en RASANTES y FIJANTES (Fig. 5.) Se llaman rasantes aquellos en que la línea de tiro A B es paralela con el terreno. La tensión de la trayectoria es ventajosa para la eficacia del tiro, pues cuanto más rasante sea, mayor será el espacio peligroso. La trayectoria es tanto más tendida y el tiro tanto más rasante cuanto más pequeña es su altura. El tiro es rasante cuando el ángulo de proyección es pequeño, y, por lo tanto, el proyectil no se eleva mucho por encima del terreno.

Se llaman fijantes cuando el terreno y la línea de tiro A C forman entre sí un ángulo.

Los fuegos rasantes son los más eficaces porque tienen una zona peligrosa en todo el trayecto que recorre el proyectil hasta su caída. Tiene la desventaja de que cualquier pequeño accidente del terreno puede favorecer al enemigo.

Los fijantes tienen una ZONA PELIGROSA corta, pero se descubre mejor el terreno exterior, y los obstáculos naturales o artificiales que en él se encuentran, casi no tienen importancia.

Refiriéndonos a la dirección, con respecto al objeto que sirve de blanco, se dividen los fuegos en directos, de enfilada, oblicuos y de revés.

Se llaman DIRECTOS o de FRENTE cuando están dirigidos perpendicularmente a la magistral del parapeto o macizo protector. Son los menos temibles, porque cualquier pequeño error en el disparo, hace ineficaz el tiro.

El tiro perpendicular es aquel en que cada tirador hace fuego a su frente. La anchura de ésta será la del frente de la tropa que hace fuego, la profundidad del 90 p.8 350m á 400m y la correspondiente al núcleo o 50 p.8 de unos 80 o 100m El agrupamiento en el terreno será RECTANGULAR.

Los de enfilada, llamados antiguamente de rebote, baten la parte activa y protegida, y aunque la distancia del blanco no haya sido bien calculada, los tiros son certeros, y por consiguiente destructores.

Los efectos de los oblicuos estarán en relación con la mayor o menor proximidad a los de enfilada o a los de frente; es decir, que, si se aproximan a los de enfilada, serán más eficaces. Los oblicuos forman con la magistral un ángulo menor que un recto.

Los de REVÉS, o sean los que baten al enemigo por la espalda, son de gran efecto moral. Estos pueden ser directos a la línea de defensa u oblicuos también: oblicuos de revés.

Para dar una idea más clara de los fuegos mencionados, véase fig. 6. Sea M L la magistral; tiros de frente los que parten de los puntos H, F y E, dirigidos a dicha línea; oblicuos los que van de I, 0, P y S; de enfilada, los que van de A y B a los puntos M y L, respectivamente; y de revés, los de R. R' y R".

Según la trayectoria que describe el proyectil, se dividen los fuegos en ordinarios y ocultos o indirectos.

En los fuegos ordinarios el espacio peligroso es mayor que en los ocultos, por ser más tendida la trayectoria; por consiguiente, el blanco B, de altura determinada (fig. 7), será batido en toda la distancia E F.

Los fuegos ocultos o indirectos, cuyos efectos no son otra cosa sino los del tiro por SUMERSIÓN, tienen una trayectoria bastante curva, por lo que el mismo blanco B', que se halla protegido de nuestra vista, por estar detrás de la colina C, sólo será batido en la distancia D A. Al tiro oculto han dado los artilleros en llamarle tiro indirecto, lo que no debe admitirse en rigor, pues, aunque se hace por sumersión, siempre va dirigido a un blanco que se quiere herir. Es el tiro curvo cuando el ángulo de proyección es mayor, generalmente se designa con este nombre cuando se tira por elevación de 15° por lo menos y no se pasa de 45°.

Si el ángulo de proyección es muy grande, mayor que 45°, lasta 60° o 70°, se dice que el tiro es vertical.

Influencia de la tensión de las trayectorias. -Es interesante conocer el efecto táctico de las armas, actuales. Entre las mejoras obtenidas con las nuevas armas, una de las más principales es la tensión, gracias a ella aumentan los espacios batidos o rasados.

El fusil Remington español, modelo 1871, a 500^{m} por ejemplo, es $64{,}9^{m}$ contra infantería de pie, en tanto que en el Mauser de 7^{mm} modelo 1893, es de 500^{m} y lo mismo el Lebel francés. A 1.000^{m} el espacio batido contra caballería es de 28.5^{m} con el Remington, y 63,32 con el Maüser.

El aumento de espacio batido con las armas portátiles ha progresado tan rápidamente, que su relación es de 1 a 2 entre el Remington y el Lebel, y de 1 a 3 del primero al Maüser.

Se llama terreno peligroso o dominado (espacio rasado), aquel en que la trayectoria no se eleva sobre el terreno a más altura que la del blanco; el terreno peligroso es aquel en que el blanco será tocado, y es la suma del BATIDO por el choque de los proyectiles en el terreno, cuya profundidad es de 400^{m} próximamente, más el correspondiente a la trayectoria inferior de los que componen el haz.

Supongamos que se hace fuego a 700^{m} con fusil Maüser, el 50 p.00 de los proyectiles caerán en un espacio de 100^{m}, pero la trayectoria inferior del haz, que será la de 650^{m} dará lugar a un espacio rasado de (contra infantería de pie 1.80^{m}) 160^{m}; el espacio peligroso o dominado será de 260^{m} suma del batido y del rasado, y de 900^{m} para el 90 p. 00. La trayectoria inferior del haz del 90 p.00 será la de 500^{m} para 700^{m} de alza.

Lo dicho evidencia las ventajas que el aumento de la tensión de las trayectorias ocasiona, porque disminuye la influencia del tirador en los buenos efectos del fuego.

Medios de defensa. - Los medios que se emplean para la defensa de los atrincheramientos se reduce a desenfilarse de los fuegos y de las vistas del enemigo.

Se dice que un atrincheramiento está desenfilado de los fuegos, cuando se encuentra a cubierto de la acción de los fuegos del atacante; y estará desenfilado de las vistas, cuando el enemigo no pueda verlo desde ningún punto exterior.

En la defensa los fuegos pueden ser divergentes o convergentes, y también de frente en una misma línea recta. Serán divergentes, si la línea defensiva es convexa del lado del enemigo (fig. 8); y convergentes, si es cóncava del lado del enemigo (fig. 9).

Los tiros del defensor ya sean de fusilería o de cañón, están generalmente dirigidos en sentido perpendicular a la magistral, pero a veces será necesario variar la dirección. Para que los tiros oblicuos sean eficaces, conviene que el ángulo formado con la magistral no exceda de 30° a derecha e izquierda de la perpendicular.

Existe, además, otra clase de fuegos, que son los cruzados; se denominan así, cuando sobre en un mismo punto concurren fuegos de frente y de flanco o de enfilada (fig. 10). Los oblicuos también se cruzan cuando son dirigidos de puntos diferentes, y forman con las líneas descritas por los proyectiles, ángulos opuestos por el vértice.

El empleo de los fuegos cruzados es propio del trazado abaluartado, que tiene por objeto facilitar el flanqueo, y no dejar «sector privado de fuegos,» en los ángulos salientes de la obra. La figura 11 indica una parte del baluarte X. Las columnas D y M atacan a las caras A B y B C, respectivamente, las que en su propia defensa hacen fuego de frente, quedando, por lo tanto, en el ángulo saliente B, un sector privado de fuegos S B R; para hacerlo desaparecer, es batido por los fuegos de la cara T N. El límite de abertura de los ángulos salientes será de 120°, a fin de que no exista el sector privado de fuegos; pero no dejarán nada que desear si son redondeados.

En cuanto a los ángulos entrantes o tenazas debe dárseles una abertura mayor de 90°, pues de lo contrario los tiradores de una cara o lado herirían a los tiradores de la otra.

Para los tiros curvos no hay parapeto que impida sus destructores efectos; para librarse de ellos se ha recurrido a los blindajes, de los cuales ya trataremos más adelante.

IV

Cotas. --Dimensiones de las partes de que se compone el perfil, en general. - Clasificación de los perfiles.

Cotas. -La línea del terreno natural se marca en el papel con la cota (+0) más menos cero. Las cifras que indican distancias verticales sobre dicha línea se marcan con el signo (+) más, o sea cota positiva; y las que están debajo con el signo (-) menos, o sea cota negativa.

La distancia horizontal entre dos puntos se marca así:

<...1. 30.....>, que quiere decir un metro treinta centímetros de ancho.

La inclinación de los taludes se indica en forma de quebrado, por ejem: #, o sea uno de altura por tres de base.

Dimensiones de las partes de que se compone el perfil, en general. Conviene conocer en primer lugar las dimensiones del parapeto, pues todas las demás estarán en relación con las de éste. El espesor y altura del parapeto varía según sea para preservarse de proyectiles de pequeño o gran calibre. También influye notablemente la naturaleza de las tierras de que se dispone para el trabajo- sueltas o compactas --respecto a la fuerza de penetración de los proyectiles.

Para que el parapeto proteja debidamente a los tiradores, hay que darle los siguientes espesores.

CONTRA EL FUEGO DE FUSIL, 1.20 m., para toda clase de tierras;

CONTRA PIEZAS DE MONTAÑA:

Arena........ ...... 1.50 m.
Arcilla o barro .... 3.00 m.
Tierra ordinaria...2.00 m.

CONTRA PIEZAS DE CAMPAÑA:

Grava.......................2.50 m.
Arena.......................3.00 m.
Tierra ordinaria…... 4.00 m.
Arcilla o barro…….6.00 m.

CONTRA PIEZAS DE ARTILLERÍA DE SITIO:

Arena..................4.00 m.
Tierra ordinaria. ...... 6.00 m.
Arcilla o barro...........9.00 m.

Penetración. La penetración y los efectos explosivos, determina la clase de la artillería, contra blancos inanimados. A su vez la penetración depende, en gran parte, de la fuerza viva del proyectil en momento del choque.

Los efectos de penetración son mayores con la artillería actual que con la anterior, por el aumento de la fuerza viva de los proyectiles á todas las distancias.

La penetración en tierra es muy pequeña; es más, según se demostró en Sebastopol, Plena, y Santiago de Cuba, es difícil alcanzar resultados con la artillería en los parapetos de las obras de campaña.

Según Deguise, no son de temer los proyectiles empleando los siguientes espesores, que están en un todo de acuerdo con los anteriores.

	Piezas de Montaña	Piezas de Campaña
Arena	Metros 1.50	Metros 3
Tierra Ordinaria	2	4
Arcilla	3	6

La granada torpedo y la granete, no han cambiado este estado de cosas, porque sus efectos como penetración son los de los otros proyectiles; en lugares cerrados producen también los efectos de conmoción que a veces puede arruinar edificios.

Los morteros de campaña tienen mayores efectos de penetración que la mayor masa de sus proyectiles.

El EFECTO de un proyectil, si choca con un muro antes de estallar, y lo puede atravesar, produce ordinariamente una brecha de 0,25 m. 0,30 m. de diámetro a la entrada y de 0.60 m. a 1 m. 50 a la salida.

De las experiencias hechas por la casa Krupp, en Alemania, en 1896, resulta: que a 2,000 m. fue atravesado un muro de ladrillo de

0.^{m}90 de espesor con proyectil de 6.5 kilogramos; unos proyectiles lo atravesaron, otros no.

A 800^m se hizo fuego contra un muro de revestimiento de ladrillo, apoyado en un espaldón de tierra de 1.m de base por 0^m 50 de espesor, y resultó que el muro fue atravesado.

Estas experiencias demuestran que los muros y tapias de un pueblo no preservan de los efectos de la artillería a las distancias a que se han hecho dichas experiencias y aun a las algo mayores.

Según Langlais, "el número de proyectiles necesarios para producir una brecha en tapias de pueblo y casas es inversamente proporcional a su peso. Una brecha de 50m., requiere, por ejemplo, 30 granadas de 8 kilogramos en el blanco, y exigirá 60 proyectiles de 4 kilogramos, en la hipótesis de que este último tuviese fuerza para perforar el muro; es decir, 12 a 15 kilogramos de proyectiles por metro corriente de muro". Si ahora se agregan los proyectiles que no tocan al blanco, se comprenderá que, en vez de 15 kilogramos, son 30 los precisos para alcanzar tan poco resultado.

Para conseguir la artillería atacante buen efecto, necesita aproximarse mucho a las construcciones a que tire, 1.500 a 1.800 m.

La penetración de las armas portátiles ha alcanzado hoy en día tal valor, que es preciso tenerla en cuenta. Todas las armas de pequeño calibre, Maüser, Lebel, etc., tienen una fuerza de penetración suficiente hasta la distancia de 2.000 metros, y mayores para herir a seres animados. Es más: atraviesan, no sólo un ser humano, sino varias filas de ellos, según las experiencias practicadas sobre cadáveres humanos o animales vivos; de las hechas en Francia con el fusil Lebel, se dedujo que un solo proyectil a 100 m., atraviesa 4 o 5 filas de una compañía en formación de combate, aun perforando huesos. A 100 m. la bala atraviesa 3 o 4 miembros, y aun a esta distancia, los proyectiles no quedan en las heridas. Las penetraciones en medios distintos, depende de la naturaleza de éstos y de la distancia a los tiradores. Como se ha observado que un hombre o animal, mientras que no sea herido en parte esencial, puede continuar la marcha hasta el asalto, se han empleado proyectiles Dum-Dum y otros, para evitarlo. (Las balas expansivas no podrán emplearse en la sierra, según lo estipulado en las Conferencias de La Haya).

La penetración máxima en tierra y arena es a la distancia de 250 a 300 m., y llega hasta 1. "62 con el fusil italiano, y no pasa de 90cm. con el francés. Las corazas se atraviesan desde 250m. por el frente, y por la espalda, desde los alcances máximos del fusil. Los árboles no son abrigos contra los proyectiles. Una columna puede ser atravesada en varias de sus filas.

A 10^{m}. existe la anomalía de que, en el carbón, la arena y la tierra, ofrecen gran resistencia a la penetración, y a dicha distancia, las balas ofrecen deformaciones considerables. La penetración aumenta con la distancia en ciertos límites; a 300m es mayor que a las menores y las balas no se deforman; a 500m. la penetración es menor en general y continúa disminuyendo con la velocidad de choque. La anomalía parece obedecer a que el proyectil se deforma a las distancias cortas. Algunas veces la penetración sigue una ley regular.

La siguiente tabla da clara idea de la penetración de los proyectiles de las armas portátiles:

TABLA

Penetración de los proyectiles de calibre reducido

(General Wille)

Calibre del fusil Milímetros	Velocidad inicial Metros	Densidad de sección	DISTANCIA DEL BLANCO Y NATURALEZA DE ÉSTE			
			15 pasos	á 11.25 m.	150-550 m.	75 metros
			Madera seca	Madera de pino ó de abeto seca y sin nudos.	Tierra vegetal removida ó arcillosa comprimida.	Hierro forjado
			PENETRACIÓN EN CENTÍMETROS			
8	620	30	52	103	80	El proyectil taladra una plancha de 10 mm. de espesor.
6.5	730	60	68	138	105	El proyectil perfora una placa de 13,5 mm. de grueso.
5	850	100	100	246	155	La bala atraviesa una plancha de espesor de 24 mm.

Tratándose de la penetración en tierra, los proyectiles penetran más en el barro y menos en la arena, pero esta última se desmorona con facilidad v los taludes son muy tendidos, según hemos visto al tratar de materiales.

El parapeto tendrá una altura de 1.30 m. a 1.50 m. y podrá aumentarse cuando no sea posible profundizar la trinchera interior que se encuentre en el terreno, roca, fango, etc. El espesor regularmente es de cuatro metros, contra fuegos de artillería.

La trinchera interior podrá tener 2.20 m. de anchura en su parte superior, y 0.80 m. a 1.10 m. en la parte inferior, con una profundidad de 1.20 m. a 1.50 m. Los gradines o escalones podrán tener 0.40 m. de ancho por 0.50 m. o 0.60 m. de profundidad.

El foso exterior puede tener en su parte superior una anchura de 3.25 m., y en la inferior 1.25 m., con una profundidad de 0.50 m. 1 m. a 2.50 m.

La anchura de la banqueta es de 0.50 m. para una fila de tiradores, y 0.80 m. para dos, en la cota del suelo natural.

Las demás dimensiones véanse en la figura 12.

La trinchera interior sirve como lugar de descanso a los tiradores y proporciona al mismo tiempo tierras para el parapeto.

El foso exterior tiene por objeto proporcionar tierras para el parapeto y hacer más difícil el asalto del enemigo.

La berma evita la caída al foso de las tierras que se desmoronan del parapeto.

La figura 13 representa el perfil de una obra de mayores dimensiones que la anterior.

Son muchas las variedades de los perfiles de los atrincheramientos de campaña, y por lo mismo varían las dimensiones de las partes de que se componen. Para que se comprenda mejor dicho estudio, copiamos de la obra de "Fortificación de Campaña" escrita por el Coronel de Ingenieros don Joaquín de la Llave y García, la tabla siguiente:

Tabla de perfiles para los atrincheramientos de campaña

PERFILES: fig. 14	Nº	ac	ab=cd	de	ef=gh	eg=fh	gi	ij	jk	kl	la	mn	op=qr	oq=pr	rs	st	tu=vx	ux=vy	yz	zb'	a'b'	a'c'
De relieve y espesor máximos para fortificación provisional	Nº 1	8.00	0.50	1.50	3.00	1.00	6.00	—	2.50	1.50	6.00	2.70	1.20	1.00	2.40	0.50	0.50	0.50	0	1.50	1.20	44.0
	Nº 2	3.20	0.50	1.17	2.34	0	14.04	0	0	0	15.00	2.50	1.20	1.00	2.40	0.50	0.50	0.50	0	1.50	1.20	0.40
	Nº 3	3.00	0.50	1.00	2.00	1.63	4.00	—	2.00	1.10	6.00	2.00	0.70	1.00	1.40	0.50	0.50	0.50	0	1.50	1.20	0.40
	Nº 4	2.00	0.50	0.87	1.73	0	10.38	0	0	0	12.00	2.00	0.70	1.00	1.40	0.50	0.50	0.50	0	1.50	1.20	0.40
Para fortificación de posición, con relieve de 1.70 m. y trinchera de 1 m. de profundidad	Nº 5	2.50	0.50	0.70	1.40	0	8.40	0	0	0	10.20	1.70	0.40	0.70	0.40	0.50	0.50	0.50	0	1.00	1.20	0.40
	Nº 6	2.50	0.50	0.75	1.50	1.10	3.00	—	1.50	1.03	4.00	1.70	0.40	0.70	0.40	0.50	0.50	0.50	0	1.00	1.20	0.40
	Nº 7	0	0	0.15	0.30	0	1.80	—	1.50	1.03	4.00	1.70	0.40	0.70	0.40	0.50	0.50	0.50	0	1.00	1.20	0.40
	Nº 8	2.10	0.20	0.50	1.00	2.02	2.10	—	1.80	1.20	3.00	1.70	0.40	0.70	0.40	0.50	0.50	0.50	0	1.00	1.20	0.40
	Nº 9	2.10	0.20	0.50	1.00	0	6.00	—	1.80	1.20	3.00	1.70	0.40	0.70	0.40	0.50	0.50	0.50	0	1.00	1.20	0.40
Para fortificación de posición, con relieve de 1.70 m. y trinchera de 1.50 m. de profundidad	Nº 10	3.00	0.20	0.55	1.10	0	6.60	0	0	0	10.80	1.70	0.40	0.70	0.40	0.50	0.50	0.50	0.50	2.00	1.70	0.60
	Nº 11	0	0	0.25	0.50	1.80	1.40	—	1.50	1.03	4.00	1.70	0.40	0.70	0.40	0.50	0.50	0.50	0.50	2.00	1.70	0.60
	Nº 12	0	0	0.35	0.70	0	4.20	—	1.50	1.03	4.00	1.70	0.40	0.70	0.40	0.50	0.50	0.50	0.50	2.00	1.70	0.60
	Nº 13	0	0	0.25	0.30	0.40	1.00	—	1.80	1.20	3.00	1.70	0.40	0.70	0.40	0.50	0.50	0.50	0.50	2.00	1.70	0.60
	Nº 14	0	0	0.25	0.50	0	3.00	—	1.80	1.20	3.00	1.70	0.40	0.70	0.40	0.50	0.50	0.50	0.50	2.00	1.70	0.60
Para fortificación de posición, con relieve mínimo ó normal de 1.30 m. y trinchera de 1.00 m. de profundidad	Nº 15	1.90	0.20	0.44	0.88	0	5.28	0	0	0	7.80	1.30	0	0	0	0.70	0.50	0.50	0	1.00	1.20	0.40
	Nº 16	2.10	0.20	0.50	1.00	0.37	2.00	—	1.00	0.63	4.00	1.30	0	0	0	0.70	0.50	0.50	0	1.00	1.20	0.40
	Nº 17	1.30	0.20	0.36	0.72	0	4.32	—	1.00	0.63	4.00	1.30	0	0	0	0.70	0.50	0.50	0	1.00	1.20	0.40
	Nº 18	0	0	0.25	0.50	1.05	1.00	—	1.20	0.80	3.00	1.30	0	0	0	0.70	0.50	0.50	0	1.00	1.20	0.40
	Nº 19	0	0	0.30	0.60	0	3.60	—	1.20	0.80	3.00	1.30	0	0	0	0.70	0.50	0.50	0	1.00	1.20	0.40
Para fortificación de posición																						
Id., Id. y trinchera de 1.50 m.	Nº 20	0	0	0	0	0	0	0	0	0	7.80	1.30	0	0	0	0.70	0.50	0.50	0	2.00	1.80	0.60

N. B.—1º La indicación — en la columna de la dimensión ij, significa que la anchura de la berma es arbitraria.
2º Cuando y x es igual á cero, la anchura del fondo de la trinchera no es z b', sino x y + z b'.
3º Los perfiles 2, 4, 5, 10, 15, y 20 son triangulares. Los 7, 9, 12, 14, 17 y 19 tienen el parapeto ordinario y el foso triangular con escarpa tendida. Los 1, 3, 6, 8, 11, 13, 16 y 18 tienen parapeto ordinario y foso trapecial.

Clasificación de los perfiles. --Los perfiles de las obras de fortificación de campaña se dividen en tres clases: defensivo, ofensivo o de trinchera y ofensivo defensivo. El primero tiene un obstáculo cualquiera que dificulta el asalto del atacante; el segundo [fig. 15] no tiene tal obstáculo, pudiendo el defensor salir al terreno exterior por sobre el parapeto y tomar la ofensiva.

Está constituido, por tanto, por la trinchera ordinaria de sitio y por trincheras-abrigos, sin foso exterior ni defensas accesorias, aunque algunas veces, para mayor rapidez de construcción, se puede abrir un foso de poca profundidad y con escarpa y contra escarpa muy tendida. Para facilitar la subida al parapeto se convierte el talud interior del mismo en escalones, o bien se le da una pendiente suave para que el soldado tire echado en el suelo.

Su aplicación obedece muchas veces a circunstancias tácticas especiales.

Este mismo perfil es el característico de la fortificación rápida.

En el tercero entran las propiedades de los dos primeros, con dos líneas de tiradores: una exterior al parapeto encargada, de efectuar reacciones ofensivas, y otra interior separada de la primera por un obstáculo. Se empleará este perfil cuando se quiera unir a la ventaja de las reacciones ofensivas, la de oponer un obstáculo al agresor, si bien no será éste de igual importancia que el que opone el perfil ordinario. El tipo que mejor se recomienda es el de la figura 16.

V

Despejo del campo de tiro

Los bosques dificultan, y a veces imposibilitan la dirección del combate y el enemigo los utiliza para aproximarse a las fortificaciones, porque disminuye para el defensor el campo de la visión.

El terreno influye notablemente en los combates y cuya influencia se manifiesta por su mayor o menor viabilidad en todos sentidos, sea por las pendientes o por los accidentes naturales o artificiales, bosques, montes, barrancos, arroyos y caseríos o pueblos.

Para organizar el campo de tiro se debe meditar y no obrar a la ligera, sobre los obstáculos que nos puedan ser útiles y los que deban destruirse.

Los trabajos de despejo deben hacerse en la dirección del probable ataque una vez que hayan sido estudiadas las condiciones defensivas, extendiéndose a una zona de 400 m. para la infantería y 1.000 m. como máximo para la artillería.

Para hacer fuego desde un atrincheramiento en buenas condiciones, deben modificarse o destruirse las plantaciones (platanares, cafetales, etc.), bosques, ondulaciones del terreno, caminos, muros y cualquiera construcción.

Las plantaciones deben cortarse o quemarse si es posible. Los árboles de los bosques y monte bajo deben cortarse v utilizarlos en rellenar excavaciones o de presiones.

verano y la posición es en pinares. En resumen, se procurará que no presente diferencia sensible con el terreno circunvecino.

La mejor pantalla es la natural formada por altas hierbas.

Para el mejor acierto en la dirección de los fuegos, se recomienda medir las distancias, y determinar puntos de referencia visibles, como piedras grandes, montones de piedras, aunque pequeñas, árboles corpulentos que descuellen a primera vista entre los demás, y cambios de dirección de caminos: estos puntos estarán de 300 a 400 m. próximamente para la infantería y 500 para la artillería.

Cuando haya necesidad de disparar contra blancos de cierta extensión que estén ocultos, se marcará en el terreno las alineaciones correspondientes para hacer la puntería del tiro oculto, o al que la mayoría de los artilleros llaman tiro indirecto, como ya he dicho antes.

Dificultades que suele presentar el despejo del campo de tiro. --El general de Ingenieros J. Marvá, en su obra titulada "Los últimos progresos", al tratar de fortificación de campaña, dice: "las dificultades que suele presentar el despejo del campo de tiro son de tal importancia, que a veces, resultan verdaderamente insuperables. Para sugerir una idea de ellas, ofreceremos algunos ejemplos.

CAMPO EXTENSO DE CEREALES. --Para poder disparar por encima de las gramíneas, preciso es ponerse de pie, descubriéndose a la puntería enemiga. ¿Cómo sortear el inconveniente? ¿Pisando los tallos, abatiéndolos? La gran extensión que suelen alcanzar los campos de trigo, los maizales, etc., haría ineficaz este procedimiento, cuyo resultado, por otra parte, sería siempre incompleto

Qué hacer, pues. ¿Segar las mieses? ¿Con qué herramienta? No se dispone de hoces en número suficiente. ¿Quemarlas? Esto sólo puede hacerse cuando están secas.

VIÑAS. Si son pequeñas, muy tendidas o rastreras, su existencia no envuelve inconvenientes; pero si son altas, el único recurso contra ellas es una poda radical, tarea difícil y a veces impracticable.

BOSQUES. Contra los grandes grupos de vegetación no existe otro recurso que la tala, y no hay necesidad de señalar la casi imposibilidad de efectuarla en grandes superficies.

CASAS, TAPIAS, MUROS DE CERCA. - Para allanar estos obstáculos, el ÚTIL es absolutamente ineficaz. La artillería puede abrir un portillo o echar abajo un paredón; pero fuera insensato pedir que el cañón arrase obstrucciones dilatadas. Para esta ímproba tarea no hay otro auxiliar que el explosivo.

VI

Construcción de atrincheramientos. -Orden de trabajo. Entrada de los atrincheramientos.

Construcción. -Las obras de fortificación deberán construirse con orden y rapidez. Los trabajos técnicos en campaña están a cargo de ingenieros.

Para la construcción de obras en campaña se encargará al oficial más instruido sea de cualquiera de las armas--de levantar un croquis de la obra, procurando que se disponga en armonía con las exigencias tácticas; se representarán en el papel con líneas, la dirección de la magistral, cresta exterior del parapeto, ancho del a trinchera, ancho del foso, profundidad, etc.

Si el tiempo de que se dispone es corto, y no hay tiempo para formar croquis, procederá dicho oficial a trazar en el terreno todas las líneas que se necesitan para la ejecución de la obra.

Antes de dar principio a trabajo, se debe limpiar bien el terreno, a fin de que no haya dificultad para hacer el trazado.

Las tropas de infantería deberán construir con zapapicos y palas portátiles de mango corto, que debe llevar consigo cada soldado, todos los abrigos, sean de pequeño o gran perfil, que les sean necesarios para protegerse de los fuegos enemigos. No teniendo herramientas portátiles, se hará uso de las que se encuentren, cualquiera que sea su clase.

Debe tenerse presente el balance entre desmontes y terraplenes, más el esponjamiento de las tierras; es decir, que el área de desmontes debe ser igual al área de terraplenes, más el esponjamiento de las tierras.

Si tenemos un perfil en que la altura del parapeto sea determinada, lo mismo que el espesor, y queremos hacer dicho balance, descompondremos el perfil en triángulos y rectángulos; buscando el área de cada triángulo y rectángulo, y sumando dichas áreas parciales, tendremos el área general del perfil.

Cuando haya travesees en la obra, es preciso tenerlos en cuenta para aumentar la excavación del foso, ya que es el único que está expuesto a variar en sus dimensiones. Para hacer este cálculo con exactitud y rapidez, se admite que cada metro de longitud de foso debe dar un número de metros cúbicos de tierras igual al volumen del través, dividido por la distancia que media entre el eje de un través y el del inmediato. Por ejemplo, llamemos C al cubo de tierras de un través y D la distancia de un través a otro será: $\frac{C}{D}$.

El tiempo en que se puede construir una obra, en cuanto a la duración del trabajo, varía según sea la clase de terreno, la instrucción de las tropas, y las circunstancias que obren en el estado de éstas, fuertes lluvias, excesivo calor o frío o demasiada fatiga por marchas forzadas, en el propio día del trabajo o en el anterior.

Al construir una obra, siempre se notará que hay algunos metros cúbicos de tierra de más o de menos; este defecto se puede remediar, en el primer caso, echándola sobre él través que se trate de formar o alargando el glasis que en nada afecta para batir el terreno exterior; y en el segundo, aumentando la profundidad del foso, pues como ya dejamos dicho, es el único que puede variar en sus dimensiones.

Para la ejecución hay que determinar, primeramente, el número necesario de trabajadores, contando los que trabajan con piochas y palas para cada taller, más los que se encargan de arreglar las tierras con palas.

Un taller se compone de dos palas y una piocha o zapapico, La práctica ha demostrado que, para hacer un trabajo de corta duración, y en circunstancias ordinarias, un hombre palea un metro cúbico de tierra en una hora, si está acostumbrado a esta clase de trabajo, y sólo medio metro cuando no lo está.

Para determinar la clase de tierra, cavará un hombre, provisto de un zapapico, durante cierto número de minutos m, se contará las que emplea otro en palearla durante m' y entonces la tierra será de $(1 + \frac{m}{m})$ hombres.

El trabajo se facilita dividiéndolo en porciones o tajos de 2 m. de anchura, para que los soldados tengan comodidad en el manejo de sus herramientas. Si se quiere acelerar se reduce la anchura de los tajos a 1.30 m. y se aumenta el número de trabajadores.

El siguiente cuadro indica el rendimiento que puede dar un trabajador poco acostumbrado.

Clase de terreno	**Metros cúbicos extraídos por un trabajador,**		
	Una hora	**4 horas**	**10 horas**
Blando	1,200	0,800	0,450
Regular	0,800	0,400	0,250
Duro	0,400	0,250	0,160

Cuando se adopten tipos de atrincheramientos, se debe formar una tabla, la cual debe indicar el tiempo necesario para construir un paso de trinchera de cada tipo reglamentario para facilitar mejor los cálculos del tiempo.

"Para determinar la duración de un trabajo de cierto perfil, por medio del cuadro anterior, hay que hacer la cubicación del desmonte multiplicando su sección por la longitud que debe hacer cada hombre y dividir este resultado por el número de la tabla indicada, según el tiempo que debe trabajar cada individuo".

Por ejemplo, se trata de hacer un foso de 10 m. de longitud, disponiendo para hacer este trabajo de una escuadra de 10 soldados y 1 cabo. Como son 10 soldados, y 10 m. la longitud del foso, a cada uno le corresponderá un metro del trente del foso, pero también tiene 1 m. de ancho y 2 de profundidad; de aquí resulta que cada individuo debe remover 2^3m. de tierra, que suponiendo sea blanda, y disponiendo de más de 4 horas para el trabajo, lo hará a razón de $0,800^3$ m. por hora.

"El tiempo necesario para ejecutar este trabajo se determina dividiendo la tarea que corresponde a cada hombre (2m.) por lo que es posible hacer en una hora (0,800 m.) Tendremos entonces que el trabajo mencionado se hace en 2 horas 30 minutos".

Orden de trabajo. Los trabajadores se colocarán en dos filas, 4 o 5 pasos a retaguardia del lugar donde se va a hacer el trabajo y con frente al enemigo. Las hileras separadas entre sí a una distancia de 2 pasos para la construcción de trincheras-abrigos y un paso para los atrincheramientos rápidos. En los demás casos la distancia dependerá de la naturaleza del trabajo.

Un paleador arroja perfectamente las tierras a una distancia horizontal de 4 m. y a 2 m. de altura; si las distancias son mayores hay que hacer relevos.

Replanteo. Si no hay cuerdas, jalones, ni piquetes para dar principio al replanteo, se sacarán dos soldados de la primera fila, que son los que deben tener las herramientas en mano, y una vez alineados con frente al enemigo, o a la dirección probable de los fuegos, darán un giro para quedar el uno frente al otro, o sea cara con cara y a la distancia que se haya indicado; ambos, provistos de zapapicos, comenzarán a surcar en el terreno la línea magistral, caminando cada uno a su frente hasta encontrarse. Otros soldados, alineados con los primeros, irán marcando paralelamente las de más líneas: berma, ancho del foso, de la trinchera, es pesor del parapeto, etc. Los soldados de segunda fila estarán sentados o acostados descansando para relevar a los de primera después de 20 minutos de trabajo.

Una vez terminado el trazado se principiará a excavar observando las prescripciones siguientes:

1° Hundir la pala oblicuamente con un ligero impulso para evitar esfuerzos de los brazos.

2° Trabajar en silencio y sin precipitación.

3° Ayudar con el pie a hundir la pala sólo en terrenos blandos.

4° Aflojar las piedras que se encuentren con el pico y sacarlas con la mano, acomodándolas bien en el parapeto.

5° Tirar bien las tierras hacia el montón que se va formando, para que los soldados encargados del arreglo no tengan que espolear éstas a su vez.

6° Excavar por capas rectangulares sucesivas.

7° Cuando las tierras sean muy duras, se hará primeramente una excavación de 1 m. de profundidad; y luego, para darle inclinación a los taludes y el ancho de los gradines, se harán pequeños cortes.

Las tierras no deben apisonarse, pues sabido es que en la tierra suelta los proyectiles tienen menos penetración.

Cuando sea de temer un ataque próximo, es preciso hacer un trabajo perfectible, es decir de los perfiles más sencillos a los más perfectos, pudiendo utilizarse para la defensa en cualquier momento.

La artillería ejecuta sus trabajos con las herramientas de mango largo que lleva a lomo cada batería.

El oficial indica la dirección del tiro y determina de esta manera el eje del abrigo; hará plantar jalones o piquetes que indique esta dirección.

El tiempo que demoran en construir un pozo de cañón dependerá del terreno y del número de herramientas de que se pueda disponer en cada caso. En tierras ordinarias será de una o dos horas; 2 o 3 horas se necesitan para construir una batería; y 4 para construir un foso de protección. Para construir abrigos para piezas de montaña el tiempo será corto.

Entrada de los atrincheramientos. —Todo atrincheramiento debe tener una parte abierta en el parapeto; si la obra es cerrada, servirá para entrar en ella, y si es un atrincheramiento de alguna extensión tendrá por objeto dejar paso a las tropas encargadas de operar reacciones ofensivas.

Conviene estudiar con cuidado los sitios donde debe establecerse la entrada, a fin de que el enemigo no se aproveche de ellos, como puntos débiles, en el ataque por sorpresa.

La entrada en obras cerradas debe tener por lo menos 2 m. para la infantería y 3 m. para la artillería.

En un atrincheramiento continuo, cuya línea sea muy extensa, los pasos deben tener de 10 a 20 m., espacio suficiente para reacciones ofensivas.

La entrada puede cubrirse de distintas maneras, pero el sistema que parece ofrecer más protección es el que indica la figura 17, en la cual la entrada está cubierta por un través T unido al parapeto P.

VII
Desenfilada

Desenfilada. --*Es la parte que enseña a trazar y construir las obras de suerte que su interior esté oculto al enemigo, y libre de sus fuegos de enfilada*; esto se consigue dando a las obras el necesario relieve, pero no siempre es posible.

Desenfilar. - *Hacer que los planos de desenfilada, determinados por las crestas de una obra y el punto ocupado o que pueda ocupar el enemigo, pasen por encima del espacio interior que se quiere resguardar.* (1) *Desenfilar,* dice el Diccionario Enciclopédico de Toro y Gómez, "poner la tropa a cubierto de los juegos de los fuegos de flanco."

Espacio batido y desenfilado. Espacio desenfilado para un hombre o cualquier otro blanco que se trate de proteger por un obstáculo, es la diferencia entre el desenfilado por el obstáculo y el desenfilado por el blanco. Como terreno batido y desenfilado son la misma cosa, la gran tensión de la trayectoria de las armas actuales á aumentando éste.

El problema de la desenfilada depende como es natural, de las condiciones que se impongan para la trinchera interior y del ángulo de caída de los proyectiles enemigos. En cada caso particular se procederá con arreglo a las circunstancias.

De todos los fuegos, los más fáciles de desenfilar son los de frente, puesto que van dirigidos normalmente al parapeto.

Si se da un perfil cuya masa cubridora tenga una altura de 1.20 m., de 4 m. de espesor, con dos escalones en el interior de la trinchera y ésta con una anchura de 0.80 m., se trazará a 0.30 m. debajo de la magistral una línea inclinada a $\frac{1}{2}$ y lo que quede bajo dicha línea será la parte suficiente para desenfilarse de los tiros que tengan un ángulo de caída de 26º 34'.

La desenfilada puede verse en las figuras 12 y 18, que representan perfiles de obras de fortificación de campana.

Traveses. "*Llamase través a toda defensa o abrigo contra el juego de enfilada, de revés y de rebote.*" Es una masa cubridora de tierra que se construye perpendicular al parapeto; cuando haya necesidad se puede improvisar con tablones, sacos de tierra o arena o con otros materiales de que se disponga.

La anchura o espesor de los traveses debe estar en armonía con el fuego que sufran; y como el tiro de enfilada se hace por fuegos de sumersión con cargas pequeñas, y por lo tanto la velocidad remanente del proyectil es menor, puede dársele de 3 a 4 m. en la parte más alta contra proyectiles de artillería de campaña y de sitio; y 0.50 m., o poco más, para abrigarse de la fusilería.

Los traveses deben ser en toda la longitud del atrincheramiento, pero únicamente en el terraplén de circulación (trinchera), porque es el lugar donde las tropas de la defensa deben permanecer mientras dure el fuego de la artillería enemiga, pues bien, sabido es que tendrá que apagarlos para no herir a su propia infantería, momento en el cual ya no tienen mayor utilidad los traveses, más si el defensor toma la ofensiva.

Organización. -Sea D D el terraplén de defensa (fig. 19) y *c c* la trinchera interior de la cara A B. El través m corta ambas posiciones, es decir el terraplén y el desmonte; y los *n n* están dispuestos en forma de cremallera: ambas disposiciones son admitidas.

El través de una trinchera abrigo para tiradores arrodillados y de pie, trabajando 7 u 8 hombres, respectivamente, será concluido al mismo tiempo que la trinchera abrigo.

En un atrincheramiento rápido se necesitan 12 hombres para concluirlo al mismo tiempo que la trinchera; 10 el foso y 2 en el arreglo de las tierras. Algunas veces no habrá necesidad de mayor relieve.

A fin de ocupar mayor espacio en la línea de fuego y aumentar la protección, es conveniente hacer lo más rígido posible los taludes del través no expuestos al fuego enemigo.

La cresta de la masa cubridora debe estar más baja que la magistral, para que no se vea: 0.60 m. a 1.30 m. serán suficientes. La longitud de través debe calcularse á fin de que pueda quedar reunida la tropa por escuadras, secciones, etc., para mantener la unidad de mando. Se destinan 0.60 a 0.65 m. para cada hombre.

En la trinchera que se abre normalmente al parapeto, se dejará un escalón E E (fig. 20), para que se sienten los soldados. En los traveses propuestos por Girard, la banqueta es continua, con lo cual no se desperdician fuegos; pero tiene el inconveniente de colocar a los defensores en casillas independientes v sin mutua comunicación por la trinchera interior. Este defecto se corrige dejando debajo de los traveses pequeños pasos para comunicarse, los que deben blindarse al mismo tiempo.

Traveses corchetes. Los traveses corchetes (fig. 21), propuestos por el general Brialmont, consisten en pedazos de trinchera, trazados normalmente a la interior, construidos en forma recodada. Este recodo puede servir para lugar de refugio a varios hombres mientras dure el cañoneo. Tiene la ventaja esta disposición de traveses de no interrumpir la trinchera interior, pero tiene la desventaja de que los tiradores quedan más lejos del parapeto que si no existiesen Semejantes trincheras perpendicularmente a él, y se pierde protección contra los fuegos directos.

En la banqueta será conveniente dejar algunos tiradores durante el combate de artillería, con objeto de vigilar y observar al enemigo y de aprovechar las favorables ocasiones para hacer fuego. Para que estén resguardados de los tiros de enfilada, se abrirán en el parapeto pequeños rebajos o puestos de observación, y con las tierras que se sacan se forma un pequeño través o *"cubre cabeza"*, que proporciona una seguridad relativa. Véase M y N, figura 22.

Para protegerse de los fuegos oblicuos se organizará la posición de descanso o terraplén de circulación de un modo análogo al que se ha dicho para protegerse contra los fuegos de enfilada. La disposición que debe adoptarse es la que indica la figura 23, en la cual los soldados se resguardarán en S y estarán protegidos por el través T.

Contra los fuegos de revés quedan protegidos los soldados que se sienten en el fondo de la trinchera interior, apoyándose contra el REVÉS de la trinchera, siempre que ésta tenga 1.80 m. de profundidad; pero si es menor a 1.20 m., será preciso colocar un macizo de tierras E (fig. 24), denominado espaldón, que se formará con tierras extraídas de la trinchera interior.

El espesor de estos espaldones puede ser menor que el del parapeto, toda vez que no está expuesto al fuego enemigo.

Si son de temer fuegos oblicuos de revés se establecerán traveses corchetes; pero en lugar de colocarse como se ve en la figura 23, se establecerán al otro lado del corchete, es decir, en R.

En las partes destinadas para artillería es de mayor importancia el terraplén de defensa donde se deben colocar las piezas y los soldados, pues en la trinchera interior sólo estarán los indispensables para conducir las municiones.

Los traveses en las baterías, tienen dos inconvenientes.

1° Aumentar considerablemente el trabajo.

2° Que son vistos desde lejos con facilidad, puesto que su dirección normal al espaldón es la más a propósito para que sean percibidos claramente. Estos inconvenientes son mayores cuando la artillería se encuentra en los reductos juntamente con la infantería; pero en la actualidad se recomienda que la artillería debe estar exclusivamente en sus baterías, por lo que puede decirse que quedan compensados los dos inconvenientes mencionados con la ventaja que ofrecen de proteger tanto a los sirvientes como a las piezas contra los fuegos de enfilada, en caso de que éstos sean de temer.

Se admite que en las baterías los traveses deben extenderse hasta proteger la parte ocupada por las piezas, dejando libre por completo la trinchera interior; en efecto, siendo en este caso el objeto principal el combate de artillería, es necesario ocupar la parte destinada a los cañones, y en cambio, la trinchera interior sólo será recorrida por los oficiales y los conductores de municiones. La figura 25 da clara idea de un través destinado a preservar la pieza que está colocada a su lado para tirar a barbeta.

Es asunto de gran importancia para el combate, evitar, en cuanto sea posible, la construcción de traveses y espaldones, porque exigen demasiado trabajo, y porque, además, delatan la situación de las obras. Se recomienda su empleo cuando se pueda ocultarlas o disimularlas.

VIII
Blindajes

Blindaje. —*Se lama blindaje*, dice Estévanez, en su Diccionario Militar, *a todo techo o defensa que sirve para cubrirse de los fuegos verticales o curvos.*

Blindar. —*Cubrir un fuerte de los fuegos verticales o curvos que antes se llamaban "ponerlo a prueba de bomba"; reforzar el declive, techo o cobertizo que ponga a cubierto de los fuegos.*

Los blindajes tienen por objeto proteger de los efectos destructores de los fuegos curvos, ya provengan del tiro de *sumersión* de los cañones rayados y obuses, ya del vertical de los morteros.

El mismo Estévanez, dice: "*se llama tiro por sumersión al tiro ′fijante′ que se mete en una masa compacta o dentro de una obra.* Fijante es el fuego que se hace de alto a abajo, llamado así por oposición a rasante′". No debe confundirse con el fuego por elevación.

Los blindajes pueden ser: para tiradores, alojamientos, repuestos de municiones, ambulancias, almacenes de víveres, y pasillos de comunicación en los traveses de banqueta continua.

Para la construcción de blindajes se tendrá muy en cuenta las observaciones que siguen:

1ª Los blindajes no denunciarán su presencia al enemigo.

2ª Mantendrán segura e íntima relación los de la posición de descanso con los de la posición de combate.

3ª Se recomienda preferir la construcción de varios abrigos que se comuniquen entre sí, y no uno solo, porque el daño que puede ocasionar la artillería enemiga es mayor en esta última forma.

4ª No deben quitar ninguna longitud de la línea de fuegos.

En el estado actual de la artillería de campaña, el cañón es la pieza más importante, y la granada de metralla o Shrapnel, el proyectil principal. Este proyectil consiste en una envuelta cilíndrico ojival de acero o hierro, que contiene en su interior unos balines esféricos y una carga de pólvora que se inflama por la acción de la espoleta. Estas son mejores con aleación de aluminio, porque aumenta el número de granos de metralla, sin hacerlo del proyectil, aumentando así su rendimiento.

En los Shrapnels actuales el peso de los balines es de 11.5 a 11 gramos cada uno v en número de 250 a 300; como la velocidad remanente del proyectil, unida a la que imprime a las balas la carga interior (50 m), es 300 m. hasta la distancia de 4.400m en algunas piezas de campaña, a esta distancia tendrán las balas del Shrapnel fuerza suficiente, en más de 200m de profundidad, para herir hombres o animales.

En el Shrapnel, con carga central, la explosión obra perpendicularmente a la trayectoria, sumada con la fuerza centrífuga. En el que tiene carga anterior, la explosión resta velocidad a la remanente; en el Shrapnel con carga posterior, que es hoy el más usado, se suma con la remanente.

A las distancias mayores, como disminuye la velocidad remanente del proyectil, es menor la parte peligrosa.

Las espoletas que se emplean para el Shrapnel son de tiempos o de doble efecto; con las primeras la explosión debe verificarse en el aire; las segundas permiten que se efectúe también al chocar con un cuerpo duro.

Si estudiamos ahora los efectos de una serie de disparos con este proyectil, aun suponiendo el tiro hecho de una misma pieza con la misma alza y proyectil, graduada con intervalo igual, etc., efecto en la combustión de los mixtos, errores en puntería, circunstancias exteriores, etc., el proyectil no estalla en el mismo sitio de la trayectoria, sino que lo verifica siguiendo las leyes de dispersión en un espacio de forma de huevo alargado u ovoide (un elipsoide de revolución alrededor de su eje mayor), cuyo eje mayor corresponde a los desvíos en alcance y el menor a los desvíos laterales.

A distancias medias de combate, el 50 por 100 de las explosiones se verifica en unos 50 m. de espacio en el sentido de la trayectoria y 1 m. o menos en el sentido lateral; pero algunas llegan hasta 200 m. de diferencia en el primer sentido, puesto que será ocho veces el desvío probable cuando se suman:

1° La falta de homogeneidad de la combustión de las espoletas 80 a 100 m.

2° Error de puntería 20 a 25 m.; y,

3° Desvío del proyectil en alcance de 25 m.

La mayor tensión de la trayectoria a pequeños ángulos de caída que favorece el rebote. En cambio, es inconveniente para el tiro contra blancos ocultos.

Las piezas de artillería que tienen ventajas para hacer el tiro indirecto (oculto), son los obuses o morteros de campaña. Son de 10 a 15 cm. de calibre, pesan de 400 a 600 kilogramos. Los proyectiles que arrojan son los de las piezas de campaña, y el principal, contra pueblos, la granada torpedo. La granada de metralla tiene de 500 a 600 balas.

El alcance máximo de estas piezas es de 6.000 m., pero su distancia de combate no pasa de 3.000 a 3.500, y por la poca velocidad inicial de su proyectil (es de 200 a 300 m.); la profundidad del terreno batido con la granada de metralla á distancias superiores de 2.500 m., es mucho menor que el de la pieza de campaña.

A las distancias á que es eficaz hay doble número de balines por unidad de superficie que con los cañones de campaña.

El mayor peso de esta pieza la hace poco móvil, y el gran peso de sus proyectiles, que se trate de economizar su empleo.

Por las razones expuestas, los blindajes destinados a resistir los tiros del mortero serán de empleo mucho menos frecuente que los demás, (pero los morteros no son de difícil transporte, por lo que hay que contar con sus destructores efectos), con tanta más razón cuanto que los blindajes contra el fuego vertical serán casi siempre imposibles de ocultar de las vistas del enemigo, y es este un gran inconveniente.

A los blindajes debe dárseles una inclinación igual al ángulo de caída de los proyectiles.

El blindaje, cualquiera que sea, se compone de dos partes: una destinada a resistir el esfuerzo del choque y explosión del proyectil, y otra a amortiguar el choque; la primera se construye de vigas de madera o hierro de la escuadría conveniente para que tenga la necesaria resistencia, según sea la clase de proyectiles que haya de recibir el blindaje; la segunda es una capa de tierra, estiércol ó ramaje. Entre ambas capas hay que interponer, faginas, zacate, planchas de hierro, si hay, o, en último caso, una tela embreada para que la tierra o estiércol no se tamice a la parte inferior, produciendo un polvo incómodo.

No se puede calcular de una manera fácil y sencilla la resistencia de los blindajes, que dé el medio de hallar en cada caso, para un proyectil, velocidad y ángulo de caída dados, y para una luz, ["se llama luz de un espacio blindado, de un puente, túnel, etc., la distancia que hay entre los apoyos; o de otra manera, la longitud de la parte que está en falso"], y clase de materiales que se conozcan, las dimensiones y colocación que deben darse a las vigas y el espesor que ha de tener la capa que ha de amortiguar el choque. Por lo expuesto convendrá adoptar dimensiones prácticas aconsejadas por la experiencia.

Las piezas, que como dejamos dicho, se emplean en el ataque de los atrincheramientos de campaña, disparan granadas y Shrapnels. Las granadas producen mucho efecto contra los parapetos, blindajes, piezas de artillería, etc.; pero en cambio, los Shrapnels lo producen muy mortífero contra las tropas, por el gran número de pequeños proyectiles en que se descomponen al estallar.

Los blindajes dispuestos para defenderse de las granadas deben tener bastante resistencia, pues estos proyectiles chocan enteros contra la construcción, reventando al mismo tiempo de su penetración, momento en el cual producen el máximo efecto. El Shrapnel, por el contrario, como estalla en el aire, sus fragmentos y balines no tienen la fuerza de penetración suficiente para destruir los macizos con sus efectos.

Contra granadas de campaña, aconsejan los mejores ingenieros, autores de fortificación, construir los blindajes, poniéndoles un lecho de viguetas de madera de 15 a 20 centímetros de escuadría, unidas por sus costados y cubiertas por una capa de tierra de 0.85 m. a 1 m. de espesor. Si el blindaje tiene que resistir á un fuego muy violento, conviene aumentar algo estas dimensiones; y si está expuesto al tiro de piezas ligeras de sitio (cañones de 12 centímetros), conviene formar dos capas superpuestas una sobre otra de las mismas viguetas, aumentando también el espesor de las tierras hasta 1.25 6 1.50 m.

Se consigue aumentar la resistencia de los blindajes, dando una inclinación a las viguetas de modo que vengan a quedar en dirección próximamente paralela á la última parte de la trayectoria, haciendo que por el lado donde pueden recibir los proyectiles, haya un macizo de tierras de competente espesor que detengan a todos los que vayan bajos.

Si en el ataque de atrincheramientos pudiera el agresor emplear el mortero o el obús de 15 centímetros, que dispara de 32 a 40 kilogramos de peso, o por lo menos el obús de 12, que arroja una carga de 16 a 20 kilogramos de peso, hay que aumentar la resistencia del blindaje, en cuyo caso tendrá que ser horizontal, pues de otro modo es imposible desenfilar el techo o cubierta de los proyectiles que lleguen a él con un ángulo de caída de 60° a 70°. Para dar más fuerza al blindaje se emplearán vigas de madera de gran resistencia, o 3 o 4 capas, aunque sean débiles, ¡con faginas y 2 a 2! metros de tierra como mínimo, procurando que la luz no exceda de 2 metros.

Deguise, Ingeniero belga, propone construir el blindaje, como sigue, tomando en cuenta los últimos datos que existen acerca de la penetración de los proyectiles:

«El techo y las tres paredes de fondo y laterales se organizarán estableciendo desde el interior del espacio blindado al exterior del mismo:

1° Una capa de carriles o vigas de acero de 0,30 a 0,40 m. de espesor.

2° Una de faginas de 0,25 m.

3° Una de tierras de 0,35 m.

4° Una de carriles o viguetas de acero de 0,15 a 0,20 m.

5° Una de piedras o cantos de 0,50 m.

6° Una de tierras de 2,05 a 2,20 m. de espesor.

La pared anterior puede constituirse por troncos de árboles de 0,25 a 0,30 m. de diámetro, con tal de que el techo forme visera respecto a ella.»

El General de Ingenieros, J. Marva, en las conferencias que sobre "*Los últimos progresos*" pronunció en la Cátedra de Estudios Superiores del Ateneo de Madrid, en 1906-1907, y refiriéndose a los efectos de la granada contra los abrigos de la fortificación de campaña, dice: "La guerra rusojaponesa ha comprobado que habrá ocasiones en que los atrincheramientos de posición sean batidos con el cañón de 15 centímetros. En el material de campaña de las diversas naciones, se cuentan obuses y morteros de 12 y 15 centímetros.

Los rusos han empleado en los blindajes vigas de madera de gran escuadría, hasta de 50×50 centímetros; filas de carriles yuxtapuestos, simples y dobles, recubiertos unos y otros por capas de tierra de espesor variable. De dichos dos elementos resistentes, vigas o carriles y tierras, éstas constituyen, por excelencia, el medio eficaz. Las últimas enseñanzas sobre blindajes pueden resumirse en los siguientes ejemplos":

1° Abrigo blindado de la gola del fuerte número 8, en Nanchan. Tablas de cinco centímetros de espesor, y encima 90 centímetros de tierra. Resistentes contra la granada del cañón de campaña.

2° Abrigo como el anterior, pero con vigas de ...30x38 centímetros recubiertos de zinc para mantener una capa de tierra de 1.05 a 1.50 metros de espesor. Resistieron perfectamente a los provectiles de 12 centímetros, que causaron tan sólo embudos de 75 centímetros de profundidad y 1.20 m. de diámetro. Las granadas de menor calibre hicieron embudos de 15 a 22 centímetros de profundidad, y 30 a 60 centímetros de diámetro.

3° Abrigo en Ehrling Este, en Puerto Arturo. Maderos, 22 centímetros de escuadría. Sobre ellos una capa de 75 centímetros de tierra. Este abrigo fue atravesado por las granadas de 15 centímetros.

4° *Nanchau.*

a) Sobre un lecho de vigas de 20 centímetros dos filas de carriles engrapados, y encima una capa de tierra de 75 centímetros. Destruido por la granada de 15 centímetros que tuerce los carriles, los separa y destruye las vigas.

b) Capa de 45 centímetros de tierra sobre doble lecho de vigas de 20 y 30 centímetros. Destruidos por proyectil de campaña.

c) Vigas de 30 centímetros soportando una capa de 90 centímetros. Resiste al proyectil de 12 centímetros. No resiste al de 15 centímetros.

d) Añadiendo 45 centímetros de piedra y palastro de 15 milímetros, resiste al proyectil de 15 centímetros.

Resulta, por las muchas experiencias, que los maderos resisten poco y llenan mucho en altura; por consiguiente, la única y principal misión de la madera, es resistir la capa de tierra, y a esta necesidad debe responder su escuadría.

Los espesores eficaces, según Marvá, contra los efectos de la artillería, son:

"Contra granada del cañón de campaña .0.90 m.

Contra granada de 12 centímetros...1.20 m. a 1.35 m. -15...1.50 m. de tierra sólo, o tierra y piedra".

Si el blindaje no necesita resistir más que a los balines de Shrapnels, bastará cubrirse con unos palos de madera de 10 a 8 centímetros de diámetro, cubiertos con algún ramaje o zacate (guinea, para o tacualtuste), u hojas de plátano, para rellenar las juntas, y encima unos pocos centímetros de tierra, o bien una capa de viguetas sin cubierta alguna. En caso de que el blindaje se presente oblicuamente al tiro, bastará con poner tablas de un centímetro de espesor para considerarse resguardado. Al hablar de viguetas, pueden sustituirse con carriles o planchas de hierro, si hay; lo mismo que la madera, puede ser rolliza, lo más probable de encontrar en nuestro país, y sólo habrá que tomar en cuenta que el diámetro tenga la suficiente resistencia para conseguir buen resultado en el objeto a que se destina.

Las dimensiones que se han indicado son en el caso de que la luz no exceda de tres metros; si fuese mayor, se dividirá en varios tramos de 2 a 3 m. de largo cada uno, por medio de apoyos intermedios, del grueso necesario y bien apuntalados.

La construcción de todos los tipos de blindajes en las obras de campaña se reduce a dos clases: unos, que están destinados a servir de abrigo seguro y a prueba a la guarnición, y otros a preservar los almacenes o repuestos de municiones de los fuegos del enemigo.

Organización de blindajes contra balines de Shrapnels. - Cuando sean de temer solamente estos proyectiles, dice el notable ingeniero español don José María de Soroa, disparados por cañones, obuses o morteros, o bien en el caso que haya poco tiempo para construir otros abrigos más resistentes, se formará el blindaje de la siguiente manera:

Si en la trinchera T (fig. 26), se quiere blindar la parte a b c. d (proyección horizontal), fácil se comprenderá que sólo el techo y las paredes a b y c d son las partes que hay necesidad de resguardar; mientras que, si el techo no es tan ancho como la trinchera, será preciso proteger la pared a d de la fig. 27.

Quedará conseguida la protección colocando en el techo una capa de maderos rollizos de 5 centímetros de diámetro como mínimo, y recubriendo las juntas con otras piezas de madera de menor grueso.

El todo se cubrirá con una capa de tierra de 15 centímetros por lo menos. Las paredes a b-d c se cerrarán por medio de dos filas de troncos de 10 centímetros de diámetro, por lo menos, de las cuales una cubrirá las juntas de la otra; pueden también dejarse dados de tierra en sustitución de los troncos. En cuanto a la pared a d, o no se protegerá porque no hará falta, o bien se organizará como las a b y c d, sino se prefiere establecer en el revés R de la trinchera (fig. 20) un espaldón encargado de interceptar los cascos que pudieran llegar a ella.

La entrada al abrigo cuando el blindaje cubre toda la trinchera se hará por una de las puertas abiertas en una de las paredes a b y c d, o por dos puertas, una en cada pared.

Si el blindaje no cubre toda la trinchera (fig. 27), la entrada se efectuará por la pared a d, bien directamente, si hay espaldón, bien por una o varias puertas, si no lo hay, y en cambio existen maderos constituyendo cerramientos como en las paredes a b y c d.

Aunque la rapidez es la condición primordial en la construcción de las obras de fortificación de campaña, no es su cualidad característica, pues es preciso tomar en cuenta que cuanto más profundo esté el suelo, fondo de la trinchera, del espacio que se quiere blindar, menos altura de tierras necesitará el macizo protector; además el ángulo de caída de los proyectiles.

La parte rígida (1) se constituirá por una capa de maderos rollizos o escuadrados que tengan un diámetro de 0.20 m.; encima se cubrirá con una capa de tierras con espesor igual [20 cm.] Las entradas se dispondrán en las paredes laterales o detrás. Si son laterales, se quitarán algunos troncos rollizos de los que forman la pared (fig. 28), dejando un intervalo de 1.50 m. para la puerta. Esta se hallará constituida por otros troncos rollizos de R a R' en la misma fig. 28.

Al abrigo se podrá llegar por medio de una rampa o por escalones a b c (Fig. 29).

Blindajes para la guarnición de las obras. —La guarnición de las obras necesita estar preservada de los fuegos enemigos durante el cañoneo que precede siempre al ataque. En muchos casos será suficiente la trinchera interior del atrincheramiento y las demás que se construyan para comunicaciones y abrigos especiales; pero siempre que sea posible convendrá hacer abrigos blindados. Estos exigen una gran cantidad de madera que no siempre se tendrá a mano, por lo que se debe simplificar su construcción en cuanto sea posible.

Para preservar a tropas que se hallan detrás de un atrincheramiento, tratando de protegerse mientras llega el momento oportuno de subir a la banqueta, basta disponer en las trincheras interiores (fig. 30) unos blindajes ligeros de tablas, bajo las cuales se resguardarán los soldados, sentados en el fondo de la trinchera o en un escalón E, dispuesto para este objeto. Estas disposiciones permiten salir de la trinchera con facilidad, quitando las tablas, lo que no embaraza el movimiento de las tropas. Este blindaje es suficiente para preservarse contra el efecto mortífero que puede producir un fuego concentrado de gran número de piezas enemigas que tiren con Shrapnel.

El Coronel de ingenieros italiano, Spacamela, propone el perfil representado en la figura 31, destinado proteger las tropas del efecto del Shrapnel y de la granada rompedora, a pesar de que el cono de dispersión de ésta es extraordinariamente abierto.

Los abrigos blindados que hayan de resistir al tiro de granadas se construyen siempre enterrados, y de este modo puede hacerse que se apoye por lo menos una de las extremidades de las viguetas en el terreno natural, según se ve en la figura 32; quedando la otra extremidad sostenida por una cumbrera A B, que se apoya en pies derechos, tal como se ve en la figura, o bien apoyadas las dos en los bordes de la excavación. Se dejarán en el interior del abrigo unos escalones que sirven de bancos para sentarse.

Hay otra disposición de los abrigos en trincheras, que consiste en dar al techo o cubierta una inclinación (fig. 33) en sentido paralelo a la trayectoria de los proyectiles. También se pueden distribuir en pequeños resguardos debajo del parapeto con salida a la trinchera interior (fig. 34), dando a estos resguardos 2.50 m. de anchura y otro tanto de largo, con un escalón a cada lado para sentarse, dándole a cada uno el espacio suficiente para una escuadra completa de 8 a 12 soldados con sus clases correspondientes.

En las posiciones que deben ocupar las reservas de extensa línea de atrincheramientos, pueden también disponerse blindajes inclinados [fig. 35], aprovechando un escarpado natural del terreno, el talud de un terraplén o desmonte de carretera, etc., que facilitarán las construcciones.

Blindajes de alojamiento. Cuando las tropas hayan de ocupar algún tiempo la posición atrincherada, acampan ó se alojan detrás y a inmediación de las obras. Será excepcional y reservado a alguna obra que ocupe una situación avanzada y expuesta a ser cañoneada por espacio de varios días consecutivos, el caso de tener que preparar en su interior abrigos blindados de alojamiento, que en tal caso se constituye en 2 o 3 tramos de blindaje, y se colocan uno o dos órdenes de camastros para que se acueste la tropa, y así queda indicado en la figura 36. A los camastros se les dará una ligera inclinación para que la cabeza resulte más alta que los pies, los cuales se construyen por medio de tablas apoyadas en viguetas de pequeña escuadría. La forma descrita es horizontal y con maderas escuadradas.

Blindajes inclinados con maderos rollizos. – La pared contra la cual se apoya el blindaje estará constituida por unos maderos, denominados pies derechos o montantes separados uno de otro 1 m. y unidos por una cumbrera b [figs. 37 y 38), para impedir que los pies derechos se caigan hacia el interior por el empuje de las tierras, están las piezas inclinadas o en tornapuntas c, que descansan en soleras o piquetas d enterrados en el suelo. Los pies derechos bastarán que tengan un diámetro de 0.26 m. para las maderas rollizas o de 0.23 m. para las escuadradas. Si la escuadría es rectangular, servirán aquellas piezas que tengan una sección transversal de 0.05, m^2 teniendo cuidado de colocarlas de canto, es decir, con la mayor dimensión transversal en sentido perpendicular al terreno en forma de pared. Las tornapuntas pueden tener menores dimensiones y ser más delgadas: 0,20 m. de lado, es suficiente. Unas y otras se ensamblarán, como dice Soroa, «a caja y espiga» si son maderas escuadradas; la misma ensambladura se usa para unir la cumbrera con los montantes.

Si son piezas rollizas se dispondrán según indican las figuras 39 y 40. La solera se une a las tornapuntas empleando la disposición que representan las figuras 41 y 42.

Repuestos de municiones. Las municiones conviene tenerlas al abrigo de los tiros enemigos para evitar que al caer un proyectil donde aquéllas estén colocadas, se produzcan daños de consideración; se evita, además, que estén a la intemperie porque al cabo de algún tiempo estarían inutilizadas.

Por las razones expuestas, necesitan las municiones estar colocadas en lugares arreglados a propósito que se llaman repuestos. En éstos se distinguen dos clases: los de aprovisionamiento y los de distribución o batería.

Los primeros son el depósito de donde se surten los segundos, que únicamente contienen las municiones que se han de gastar durante el día para una o dos piezas y aun a veces menos.

1° **Repuestos de aprovisionamiento**. – Los repuestos de aprovisionamiento son los de más importancia y necesitan un blindaje que resista a un cañoneo prolongado. Para construirlos se emplean dos procedimientos diferentes, según que el terreno permita colocarlos enterrados en una excavación, o tengan que levantarse sobre el terreno natural. Si son enterrados (figura 43), se hace una excavación rectangular de 4 a 6 m. de ancho, con profundidad de 1 m. a 1 m. 50 cm. En dos lados opuestos de la excavación y en su borde se colocan unas faginas o troncos de árbol que sirven de apoyo a un blindaje de viguetas, tablas y tierra. La entrada se hará por una trinchera estrecha que comunicará con las interiores del atrincheramiento. Si el terreno fuese flojo, se revestirán las paredes de la excavación, y convendrá, además, en todos los casos, colocar un suelo de tablas para preservar de la humedad a la pólvora.

Si no se construyen enterrados, se colocarán sobre la superficie del terreno natural, principiando por enterrar unas «piezas horizontales de madera llamadas *soleras a a* [fig. 44], que se colocarán paralelas y á distancias iguales. Sobre cada una de las soleras y verticalmente se ensamblarán dos piezas verticales o *pies derechos [m m]* sostenidos por otras inclinadas o *torna puntas [c c].* Los pies derechos tendrán la misma altura y colocados en dos filas, sobre las cuales se colocarán unas piezas horizontales que las unan, llamadas *cumbreras [d d].*» Las cumbreras son las que sostienen el blindaje formado de viguetas, tablas y la capa de tierra que cubre a la construcción por las tres caras que conviene preservar del efecto de los proyectiles enemigos.

De los dos sistemas descritos es preferible adoptar el primero, es decir, los enterrados, porque son más fáciles de construir, se economiza tiempo y materiales.

2º Repuestos de distribución. -Los repuestos de distribución o de batería se reducen a una pequeña cavidad abierta en el parapeto, o en un través para colocar un cierto número de cargas. Se hacen lo más sencillo que sea posible. A veces un tonel embutido en las tierras [fig. 45] bastará para el objeto.

A falta de toneles o cajas, se pueden construir los repuestos de distribución en forma de nichos de municiones que tienes más capacidad que los primeros. Son unas excavaciones abiertas debajo de la banqueta y del macizo del parapeto, blindados con unos palos que sostienen las tierras de la parte superior, tal como se ve en las figuras 46 y 47.

Cuando se coloquen los repuestos en los traveses, se pondrán en el del lado por donde se tema que vengan los proyectiles.

Las municiones de fusilería se guardarán en sus cajas, metidas en nichos análogos a los que se emplean para guardar los proyectiles de la artillería.

Abrigos para ambulancias. - Los abrigos destinados a las ambulancias deben construirse análogamente a los de alojamiento, pero con mejores condiciones higiénicas, por lo que tendrán más luz y mayor ventilación.

Abrigos para almacenes de víveres. -En obras aisladas o que por circunstancias especiales puedan verse privadas de municiones de boca durante algunos días, conviene destinar locales a propósito e independientes de los repuestos y abrigos para guardar los víveres v que no estén expuestos o la intemperie.

Para que los víveres se conserven mejor, se procurará que los abrigos tengan una buena ventilación; en cuanto a lo demás, no difieren de los abrigos para la tropa.

Pasillos blindados. -Al hablar de traveses de banqueta continua, dijimos que los tiradores quedan aislados en casillas independientes, lo que dificulta la comunicación; este defecto es corregido abriendo en los traveses, pasillos de comunicación, los que se protegerán del fuego enemigo colocando encima un blindaje (figura 48), reforzando la capa de tierra del lado en que sea más de temer el fuego del contrario.

IX
Defensas accesorias.

Las defensas accesorias o auxiliares consisten en obras secundarias o en recursos utilizados para entorpecer la acción del enemigo. Para que eficazmente dificulten el ataque es necesario que estén protegidas por el fuego y para ello deben colocarse delante del parapeto, ¿tal distancia, que no pierdan su valor táctico; esto es, no muy avanzadas, porque el enemigo puede destruirlas aprovechando ocasión oportuna, como una espesa niebla, la obscuridad de la noche, etc.; etc.; no muy cerca de la masa protectora, porque pierden gran parte de su importancia, debido a que el atacante, enardecido por la proximidad al objeto codiciado, con la sangre caldeada por los peligros arrostrados en la marcha de avance, y estando en el momento decisivo, verifica el asalto realizando prodigios de destreza y de valor que no haría seguramente en otras circunstancias. Hay, por consiguiente, límites entre los cuales es conveniente establecer las defensas accesorias; dichos límites no pueden precisarse de una manera rigurosa, pero se recomienda su colocación en distancias variables hasta 200 metros del parapeto.

La anchura de la zona que deben ocupar será de 8 metros como término medio; si se dispone de tiempo suficiente, se triplicará el obstáculo estableciendo 3 zonas, distantes unas de otros 8 metros.

Muchas son las defensas accesorias que pueden emplearse, pero en este trabajo sólo estudiaremos las talas, alambradas, pozos de lobo, fogatas y torpedos terrestres, por ser las que tienen verdadera aplicación en las guerras modernas.

Talas. Las talas son una defensa accesoria muy importante, y en nuestro país, que abundan los árboles no es difícil su empleo.

Consisten en una o varias filas de árboles cortados, los cuales se enlazan y se sujetan al suelo por medio de pequeñas horquetas hechas de las mismas ramas. Generalmente se colocan delante de la contra escarpa, cubiertas por un pequeño glasis (fig. 49), a fin de que estén ocultas a las vistas del enemigo. No deben situarse en la berma, tanto porque la construcción es lenta a causa de tener que ponerlas mientras se hace el parapeto, como porque más bien facilitan la escala.

Para hacer más difícil el paso del atacante, deben aguzarse las puntas de las ramas.

Alambradas. La alambrada de alambre de espino, que es hoy el recomendable, ha jugado un papel importantísimo en la guerra rusojaponesa, y demás que el valor que se le daba- por el serio obstáculo que opone a la marcha del asaltante, dando tiempo a que se utilice esta característica del fusil: *rapidez del tiro* era sobradamente justificado.

Las alambradas (fig. 50) están formadas por varias filas de piquetes puestos a 2 o 3 m. unos de otros, y unidos entre sí por alambres de espino de seis milímetros, entrelazados en la forma que mejor se crea y en diferentes direcciones. Los piquetes deben estar bien enterrados y sobresalir 1.20 m., sin que sea preciso que estén colocados con regularidad ni que todos sobresalgan lo mismo.

Para entrelazar el alambre no se seguirá ninguna regla; pero lo que, si hay que tener en cuenta es, que el alambre debe quedar atado fuertemente para que no se deshaga el enlace de unos piquetes con otros al chocar los proyectiles enemigos. Para asegurar dicho enlace se hará una pequeña garganta en la cabeza de los piquetes y en ella se amarrarán los alambres.

El lugar más conveniente para poner las alambradas es en el glasis, por ser el punto que se bate mejor con los fuegos de la defensa.

Las alambradas son acaso la defensa accesoria mejor de todas las que se conocen; son difíciles de ver desde lejos, no embarazan los fuegos del defensor y resisten bastante a los tiros de la artillería. Deben ponerse en una anchura de 10 m. por lo menos; a fin de dificultar el salto largo. En cuanto a la altura, deben tener de 1 a 1.20 m. contra infantería y 0.40 metros para caballería.

La destrucción de alambradas con el hacha es una de las operaciones más mortíferas y difíciles de llevar a cabo. Los japoneses, en la batalla de Liao Yang, han tenido enormes pérdidas al tratar de destruir las alambradas rusas; muchos fueron los medios que emplearon para aproximarse a ellas, pero el procedimiento que les dio mejor resultado, desde octubre hasta el fin del sitio, fue el escudo de acero de seis milímetros de espesor (acero especial, cromado, etc., fig. 51). Este escudo cubría todo el cuerpo del hombre; tenía una ranura o mirilla m a la altura de la vista y otra r abajo para el paso de las tijeras. Iba suspendido al cuerpo del modo que señala la figura.

Pozos de Lobo. Son unas excavaciones en forma de tronco de pirámide, dispuestas generalmente en cuatro filas [fig. 52], con 3 m. de distancia unas de otras. Las dimensiones de cada pozo deben ser: 2 metros de profundidad, 1.20 m. de diámetro superior y 0.60 m. de diámetro inferior, con piquetes aguzados colocados en el fondo.

Esta clase de defensas accesorias sirve principalmente para romper la formación de las columnas de asalto; y para que el enemigo no perciba su colocación, es necesario disimularlas con ramaje, zacate, etc.

Todas las defensas accesorias que hasta aquí hemos estudiado, tienen carácter puramente pasivo; vamos a tratar de las dos últimas, es decir, de las fogatas y torpedos terrestres, que son de carácter activo.

Fogatas. --Una de las principales aplicaciones de las *minas militares*, son las fogatas, pequeños hornillos, cuya *línea de mínima resistencia* [1], es bastante corta y dispuestos en el fondo de un pozo o excavación inclinada. En este trabajo trataremos únicamente de las fogatas ordinarias y de las fogatas pedreras.

Fogatas ordinarias. Las fogatas ordinarias [fig. 53] son pequeñas cajas llenas de pólvora, que se colocan bajo tierra delante de la contra escarpa de una obra, y a las cuales se les da fuego cuando el asaltante pasa por encima. La distancia que debe haber entre dos fogatas, y de ellas a la contra-escarpa, debe ser, a lo más, igual al doble de la línea mínima de resistencia.

Para construir estas fogatas, se abren pequeños pozos, que se unen por regatas al punto desde donde se les ha de dar fuego. Las cargas de pólvora se colocan en el fondo de estos pozos, y después se rellenan con tierra, piedras, etc.

---

[1] **"Se llama línea de mínima resistencia o L. M. R... u la distancia del centro del hornillo a la superficie del terreno otra dirección, según la cual la cohesión es más débil, línea que en terreno homogéneo es la más corta distancia a la superficie contada desde el centro del hornillo".**

Aunque es preferible la pólvora negra para las fogatas, pueden también emplearse la dinamita y la picrinita con iguales cargas.

Fogatas pedreras. —Estas fogatas, destinadas a lanzar una cierta cantidad de piedra a distancia, pueden ser en desmonte o terraplén. La construcción de unas y otras varía notablemente; pero como las segundas no tienen aplicación práctica, sólo nos ocuparemos de las primeras.

Las fogatas pedreras (fig. 54) consisten en una excavación, cuya abertura se deja hacia el lado que se trata de defender. Se compone de las siguientes partes: *a b c d*, plano de cabeza; *c d e f*, plano de tablero; *e f g h*, fondo; y laterales, a los *d b f h* y *a c e g*.

En el plano del fondo se abre una cavidad, en la cual se coloca una caja que contiene pólvora; las tierras procedentes de la excavación se arrojan a los lados en la forma que indica la figura, y encima del plano del fondo se coloca un tablero de madera, grueso, sobre el cual se deben colocar las piedras.

Las inclinaciones de los planos referidos son, según Soroa, las siguientes:

Plano de cabeza ... $\frac{3}{1}$

-del tablero............ $\frac{1}{1}$

- fondo.................. $\frac{1}{3}$

-de laterales........ $\frac{6}{1}$

El eje de la fogata (fig. 55), que es perpendicular al plano del tablero, resulta, que, con respecto a la horizontal del terreno, tiene una inclinación de 45°.

Una carga de 25 kilogramos de pólvora ordinaria es suficiente para lanzar a 300 m. hasta. 6 metros cúbicos de piedra.

El procedimiento ordinario más usado para dar fuego a una carga es por medio de la salchicha Bickford, que se introduce por una abertura lateral que debe tener la caja.

La *salchicha Bickford* tiene un *alma* o núcleo central de polvorín, envuelta en una capa de hilos cruzados de cáñamo y algodón, a la que se da por fuera una capa de brea, y se envuelve con otras dos de guttapercha, formando un cilindro muy flexible de 5 milímetros de diámetro. No hay que olvidar que esta mecha arde lentamente, un centímetro por segundo. Tiene la ventaja de que puede emplearse en terrenos húmedos y aun debajo del agua, si no ha de estar sumergida mucho tiempo; pero en este caso, disminuye bastante su velocidad de combustión.

Cuando esta mecha se introduzca en cápsula para inflamar dinamita o algodón pólvora, hay que evitar el sujetar la cápsula apretándola con los dientes, [como lo hacen algunos minadores], pues la falta de esta precaución puede dar lugar a desgracias si se comprime por casualidad el fulminato de mercurio, que se encuentra colocado en el fondo en cantidad de 6 dgs. a 1 gr.

Torpedos terrestres. El efecto material de los torpedos, si bien es cierto que es grande, aun es mayor el moral. Estos se colocan generalmente en el glasis de las fortificaciones, o en aquellos sitios en que puedan producir buen efecto. Se emplean no sólo como defensa accesoria, cubriendo una posición o línea de batalla, sino que también para defender un desfiladero, camino, etc., impidiendo el paso del agresor, o retardando considerablemente su marcha.

Se llaman TORPEDOS, en general, "A LAS MINAS AUTOMÁTICAS CUYA EXPLOSIÓN ES PRODUCIDA POR EL PASO MISMO DEL ENEMIGO POR ENCIMA DEL HORNILLO."

Se compone el torpedo de una carga de pólvora encerrada en un recipiente sólido, enterrado a poca profundidad, y provisto en su parte superior de un aparato especial o espoleta capaz de prender fuego por la presión que se ejerce al pasar.

Deben colocarse en bastante número, con poca carga y suficiente separación entre ellos, para que la voladura de uno no produzca la de los demás. Por lo general, 1 kilogramo de pólvora a la profundidad de 1 m., hasta para producir la explosión necesaria y suficiente para el efecto de levantar el terreno al pisar el asaltante. Frecuentemente se improvisan estos torpedos con proyectiles de artillería, provistos con su correspondiente espoleta.

Hay dos clases principales de espoletas: las *químicas y las fulminantes*. En las primeras la explosión se produce por la reacción química que tiene lugar entre dos cuerpos, y en las segundas por la presión del pie sobre una materia fulminante.

Espoletas químicas. Son varias las clases, pero entre ellas sólo describiremos la espoleta Jacobi [fig. 56]. "Se compone de un tubo de plomo de corta longitud, en el cual se introducen otros dos de cristal, cerrados y llenos: uno de ácido sulfúrico y otro de clorato de potasa. Fin la parte inferior del tubo de plomo va colocada una cierta cantidad de polvorín. Cubriendo el mismo tuvo hay un casquete que, al ser comprimido por el pie, produce la rotura de los tubos de cristal; y la reacción química, que entonces tiene lugar, determina la explosión de la pólvora".

Espoletas fulminantes. Como las anteriores, existe gran variedad, aunque la idea sea igual en todas ellas.

"La espoleta Brook es una de las más sencillas. Está formada [fig. 57] por un cilindro de madera atravesado por dos o tres agujeros, en los cuales se colocan otros tantos cilindros que contienen fulminato de mercurio y vidrio machacado. El todo se haya cubierto por un casquete de cobre muy delgado, que se aplasta bajo la presión del pie. Un casquete de seguridad [marcado de puntos], que se quita cuando es necesario, está destinado a evitar cualquier accidente antes de tiempo; *e e* es un cilindro que contiene todo el aparato ya descrito y que se atornilla a un madero si así conviene".

Se improvisa un torpedo en la forma que indica la figura 58. Consiste en una granada que se introduce en un cilindro v que se sujeta con dos pequeños tornillos ó de otra manera; por debajo de ella va un casquete delgado con un hueco en el centro, para que al pisar en m baje el proyectil y la cápsula y comunique el fuego a la carga de la granada.

También se puede proceder de otra manera [fig.59]: una cápsula fulminante, unida por una cuerda, es levantada al bascular el tablón m, y el choque que se produce en la cápsula determina su inflamación v la de la pólvora.

La única desventaja que ofrecen los torpedos es que dificultan las salidas del defensor; por eso se deben dejar pasos que permitan las reacciones ofensivas.

X
Fortificación rápida

Consideraciones generales. - Teniendo en consideración el alcance, precisión y rapidez del tiro de las armas de fuego actualmente usadas en todos los ejércitos, es conveniente y hasta indispensable evitar á las tropas, en cuanto sea posible, el que estén mucho tiempo al descubierto dentro del campo eficaz del tiro; siempre que esto pueda lograrse sin fatigar al soldado.

En muchos casos los accidentes naturales del terreno bastarán para cubrir a las tropas; pero en otros será necesario hacerlo artificialmente. No es posible determinar con exactitud las circunstancias en que convendrá esto último.

Una fuerza, cualquiera que sea su número, podrá tener que reforzar su posición por medio de atrincheramientos de diferentes clases e importancia, que pertenecerán propiamente dicho a la clase de OBRAS DE FORTIFICACIÓN DE CAMPAÑA; pero también será útil, en muchos casos, rápidos y pasajeros abrigos para las tropas. Las trincheras construidas con este objeto no deben servir nunca de obstáculo al avance de las fuerzas resguardadas en ellas.

Un ligero parapeto de tierra y a veces una sencilla zanja, son suficientes para proteger al soldado de un modo eficaz contra el fuego, así como para ocultarlo á la vista del enemigo.

Los oficiales y clases deben saber elegir con rapidez los sitios más a propósito para el establecimiento de estos abrigos, y los soldados estar ejercitados en su construcción.

Estos resguardos o ligeras fortificaciones, por lo que hace á la infantería, se limitan a las trincheras abrigos ordinarias, la zanja-trinchera y los pozos de tirador.

Trincheras-abrigos ordinarias. -La trinchera-abrigo es el elemento principal y característico de la fortificación rápida.

Se llama trinchera abrigo a una obra formada solamente por una trinchera, en donde se colocan los tiradores, y un parapeto formado por las tierras procedentes de aquélla. El foso exterior está suprimido, tanto por no ser hoy en día un verdadero obstáculo, cuanto por las condiciones con que debe cumplir toda trinchera-abrigo sea cual fuere la forma que se le dé a su perfil.

Numerosos son los perfiles que se han propuesto para las trincheras abrigos, aunque en rigor no ofrecen diferencias notables entre sí en gran parte de ellos.

El dato de verdadera importancia es la altura total necesaria para hacer fuego un tirador en las cuatro posturas, de tendido, sentado, de rodillas y en pie, aunque la primera de estas posiciones, que es también la que primitivamente se empleó, es incómoda, difícil de construir y protege poco, por lo cual apenas se emplea salvo por los individuos de la extrema vanguardia que se destaquen de las guerrillas, los cuales necesitan cubrirse de los fuegos cuanto antes. El perfil para tirador de rodillas tampoco es muy recomendable, si bien tiene la ventaja de la rapidez de ejecución, condición necesaria para estas obras; pues de nada sirve una trinchera que exija para su construcción más tiempo del que puede disponer, y éste ya se sabe que siempre escasea, tratándose de la construcción de atrincheramientos, que muchas veces se hacen á presencia del enemigo.

Para facilitar la ofensiva se deja muchas veces un escalón de 0.15 a 0.20 m. de anchura en el talud interior del parapeto. Las figuras 60, 61 y 62 representan tres perfiles japoneses.

El tirador echado, como hemos dicho, no es nada práctico ni recomendable; en cambio, el perfil para tirador de pie presenta dos particularidades dignas de mención: los boquetes abiertos en el talud interior de la trinchera, uno [el inferior] para guardar cartuchos, y otro [el superior] que sirve como punto de apoyo para saltar al parapeto y desde allí al terreno exterior, tomando la ofensiva, lo cual prueba que no atribuyen a la trinchera-abrigo el carácter defensivo y pasivo que algunos militares equivocadamente le adjudican.

Las trincheras, representadas en las figuras 63, 64 y 65, proporcionan con muy poco trabajo un excelente abrigo al soldado, llenándose al mismo tiempo la condición indispensable de no presentar obstáculo alguno al avance de las tropas que las ocupen, cuando sea preciso que éstas tomen la ofensiva.

Debe hacerse comprender al soldado que el objeto de estas trincheras es sencillamente el de cubrirse del fuego enemigo, ínterin llega el momento de avanzar sobre él.

En cuanto a la forma de blindajes rápidos, se han empleado muchos sistemas en la guerra rusojaponesa, pero todos cubrían imperfectamente contra los balines del Shrapnel y tampoco protegían del fusil enemigo cuando hacía fuego sobre la banqueta.

Los *rusos* LLEGARON, FINALMENTE, AL TIPO DE LA FIGURA 66 [cañoneras y visera, que tiene aspilleras cubiertas, corridas, especies de cañonera de poca altura, que forman cubre cabeza con abrigo. Los maderos que sostienen las tablas que llevan la tierra, están sujetas entre dos piquetes. Estas cañoneras, que se hacían para dos o más hombres, dejaban toda su continuidad a la cresta interior, y eran, por tanto, poco visibles a distancia.

Zanja-trinchera. -La zanja-trinchera es una trinchera abrigo distinta de la anterior, inapreciable para fortificar una posición defensiva. Se reduce a una estrecha zanja de taludes casi verticales, abierta en el terreno natural según sus ondulaciones, a la que se le da la profundidad suficiente para cubrir a sus defensores, y cuyas dimensiones son las indicadas en la fig. 67.

En la parte inferior y a diferentes alturas se hacen, si hay tiempo, pequeños socavones para meter en ellos los pies y elevarse sus defensores sobre el fondo de la trinchera, á fin de hacer más eficaces sus fuegos, pudiéndose conseguir el mismo objeto con piedras grandes colocadas en el fondo.

Las tierras procedentes de la excavación se esparcen de manera que no sean vistas desde lejos, o mejor aún, se llevan ó transportan á distintos parajes, donde no puedan ser vistas por el enemigo. El terreno natural sirve de parapeto, y en él se apoyan los fusiles para hacer fuego.

Como se ve, carece de rapidez y exige bastante tiempo y trabajo, puesto que para ocultar las tierras que se saquen de la zanja, hay que llevarlas a otra parte. Cuando hay hondonadas próximas, este inconveniente se atenúa y se hace pronta su construcción.

Ofrece la ventaja esta zanga-trinchera de que, por su pequeña anchura, presenta muy poco blanco y, por consiguiente, es batida difícilmente por la artillería.

Su trazado, construcción, sistema de ejecución y mutuo flanqueo hacen muy útiles esta clase de obras, sobre todo en países montañosos como el nuestro. [Honduras].

Los *boers* durante la guerra de 1899 a 1901 dieron alguna modificación a la zanga-trinchera, en una forma hasta entonces no conocida, y que hoy conocemos con el nombre de *trinchera boer* [figs. 68 y 69]. La zanga es de taludes verticales primero, ensanchándose después y formando dos socabones. La anchura era de 1.20 m., la profundidad de 1.25 m. próximamente. A veces se formaba una banqueta [figs. 70 y 71] de 0.50 m. de anchura y una parte más profunda hacia el revés de la trinchera, que tenía entonces 1.70 m., facilitándose la circulación a cubierto de las vistas y permitiendo también el descanso.

En ocasiones, las tierras las esparcían en el revés, y el terreno natural formaba el parapeto. Otros estaban organizados cubriendo la zanja con un ligero blindaje [fig. 72], constituido por tablas, planchas de palastro, etc., que se apoyaban sobre piedras o pequeños maderos; encima de aquéllas echaban una ligera capa de tierra y tepes, procurando que se igualara perfecta mente el color de las tierras[2] en la parte removida y en la que estaba sin remover. Por las aspilleras comprendidas entre las piedras o maderos hacían fuego, que desconcertaba al enemigo por no saber el punto desde el cual partían los disparos.

La figura 73 representa el plano de dicha trinchera, en la c

ual dejaban dados de tierra, DD que servían de traveses; frecuentemente cambiaban el trazado haciendo variar la dirección, y delante del informe montón de tierras que a veces constituía el parapeto abrían unos pozos avanzados AB para tiradores escogidos.

Trinchera individual o pozo de tirador

La trinchera individual o pozo de tirador, es una pequeña excavación, de forma rectangular o circular, para dos, o a lo más cuatro tiradores, en la forma que se indica en las figuras 74 y 75. El revés de esta pequeña trinchera se corta en talud muy suave o en

[2] Para esto los rusos emplearon, en la última guerra, hasta pinturas especiales para disimular las verras removidas.

escalones para facilitar la retirada, pudiéndose suprimir la berma en el frente que mira al enemigo. Si pueden temerse fuegos de flanco o de enfilada, se hacen retornos por uno o los dos costados, dándoles el mismo perfil y la menor longitud posible.

Después de una corta práctica, cada pareja provista de una pala y un zapapico puede construir un pozo sin trazado previo y a la simple indicación de su jefe.

Los pozos de tirador prestan con frecuencia importantes servicios; son puestos destacados que cumplen con dos objetos: vigilar y ofender al enemigo. La situación de ellos será la conveniente para que llenen esos dos cometidos, y deben ocuparse por tiradores escogidos, que serán los mismos que los construyan; tendrán bastantes municiones y víveres suficientes, por si no pudieran ser socorridos en uno o dos días. Conviene que no sean para un hombre sólo, porque estando estas obras bastante avanzadas, caso de ser herido el soldado que ocupase cada una, no sería socorrido con facilidad y habría que esperar a la noche para recogerlo.

Trazado y método de ejecución de las trincheras-abrigos, de la zanja-trinchera y de los pozos de tirador.

Trazado de las trincheras-abrigos. —Los principios generales que hemos expuesto para la construcción de atrincheramientos de campaña, y su aplicación al terreno deben tenerse presentes para este objeto.

Al construir esta clase de obras se procurará que sus direcciones generales estén ligadas con las de la línea de combate, y para las particulares de cada trozo se adoptará la línea recta ligeramente quebrada en cuantos casos sea posible, usando únicamente la línea curva cuando sea indispensable para evitar enfilaciones del fuego enemigo.

La trinchera no debe ser continua en el frente de la línea de tiradores; antes al contrario de distancia en distancia se dejarán claros de 50 a 60 metros de longitud para facilitar el paso de la caballería y artillería.

En cada batallón el ayudante o un capitán, auxilia do por varios sargentos, marca la extensión y dirección. que ha de tener la trinchera del suyo respectivo, para lo cual, a falta de cuerdas de trazar y piquetes, coloca como peones en el borde exterior del terreno que ha de servir de berma, algunos soldados bien alineados y distantes 30 o 40 metros próximamente unos de otros, haciendo con un zapapico un surco en el suelo en la dirección que haya de tener la trinchera. Distribuirá luego a cada Compañía la parte que le corresponda. En comandante de la fuerza que en cada una de ellas se destina al trabajo, levantará una perpendicular a la línea trazada en el terreno, y marcando en ella las dimensiones iguales a 0,30 m. y 1,70 m., obtendrá dos puntos por los cuales hará trazar paralelas a aquella línea, que determinarán el ancho de la berma y el revés de la trinchera, dándose con esto por concluido el trazado que representa la figura 63, en lo cual se habrán empleado a lo más *dos minutos*.

Para trazar las trincheras representadas en las figuras 64 y 65 se usa el mismo procedimiento.

En todos los casos el ancho de los desmontes es el mismo, siendo distinta únicamente su profundidad y la inclinación de sus taludes, los cuales, según la naturaleza del terreno, podrán variar desde la vertical hasta la inclinación natural de las tierras. En algunos tipos de trinchera se cortará el fondo en plano inclinado hacia el revés, y, además, en sentido de su longitud para dar salida a las aguas.

Construcción. Una vez terminado el trazado, y teniendo presente que, con arreglo a los datos suministrados por la experiencia, el destacamento de trabajo ha de componerse en terrenos regulares de la mitad de la fuerza que ha de cubrirse con la obra, marcharán los que han de construirla con sus armas y útiles a lo largo del revés de la trinchera, y al llegar a su punto medio harán alto y frente al enemigo. Si el suelo está seco se pondrá en tierra las armas, y si no, apoyadas en los árboles, piedras, etc., formando en último extremo pabellones. Las mochilas, mantas, lienzos y palos de las tiendas se colocarán del mejor modo que sea posible. Hecho esto se mandará desfilar por derecha e izquierda, formando de a uno a lo largo del trazado hasta cubrirlo, tomando la distancia de 0.84 m. de hombre a hombre si el terreno es duro, y de un metro si es regular, echándose inmediatamente al suelo para ocultarse del enemigo.

Los sargentos o cabos marcarán con surcos, hechos con el zapapico, espacios de $2^{m}50$ a. $3^{m}0$, que determinarán la longitud de los tajos que debe excavar cada grupo de *tres* trabajadores, de los que habitualmente dos tendrán palas y el *tercero* zapapico. Terminados con la mayor rapidez todos estos preparativos, el jefe de la fuerza dará la voz: *"al trabajo,"* a la que se levantarán todos para colocarse a corta distancia de la línea anterior de la berma, en donde, bien sea echados o de rodillas, según lo permita la intensidad del fuego del enemigo, y dirigidos por sus oficiales y clases, empezarán la excavación, procurando los que forman cada tajo profundizar pronto en el terreno natural, debiendo arrojar las tierras del lado del enemigo, pasada la línea de la berma, y disponerlas de manera que formen montón, para que aun antes de terminada la trinchera se vayan cubriendo y sirvan de parapeto en el caso de un ataque imprevisto, cuidando también de que la berma tenga el ancho marcado; que los taludes sean uniformes, cortándose a la inclinación debida; que la profundidad de la trinchera sea la que, según el caso, se requiere, estando la mayor en el revés, y que la altura del parapeto y su espesor en la cresta sean las indicadas en las figuras respectivas.

Si el terreno fuese excesivamente duro o de mala calidad, cada destacamento podrá componerse de un personal doble del indicado, para que los trabajadores se releven con frecuencia.

Esta obra estará generalmente terminada a los 30 minutos, y la trinchera ha de servir para hacer fuego de pie; a los 20, para disparar de rodillas; y a los 15, cuando los tiradores estén pecho a tierra o echados.

Concluido el trabajo, el destacamento formara en dos filas en el revés de la trinchera, y tomará sus armas y efectos a la voz de su Comandante, quedando en disposición de ejecutar cuanto se le ordene.

La fuerza de protección se situará a unos 100 pasos a vanguardia del sitio en que se levante la trinchera, o en el lugar que parezca más conveniente, según las localidades.

Trazado de la sanja-trinchera. Estas trincheras se establecen en uno, dos o más órdenes, siguiendo casi horizontalmente las sinuosidades del terreno, y, generalmente, por puntos no vistos ni atacables por el enemigo; en caso contrario, estas entradas se hacen blindadas, para que en ellas puedan reunirse perfectamente a cubierto del fuego las tropas que han de guarnecer las trincheras. La posición escogida ha de estar flanqueada a distancia eficaz por otras trincheras de la misma clase, las que, a ser posible, deben estar ocultas del enemigo y cruzar entre sí sus fuegos.

Elegido de este modo el terreno, se trazará, como se ha dicho, la trinchera, cuya anchura no excederá, en ningún caso, de 0,50 a 0,60 m., siendo su profundidad de 1,40 m. a 1,50 m., y sus paredes interiores próximamente verticales.

Construcción. Como esta clase de obras se hacen dentro del alcance del fuego enemigo y hasta de su vista, si la escabrosidad del terreno lo permite se principia el trabajo por diferentes puntos á la vez. En caso contrario se acomete por ambos costados, esparciendo la tierra en las inmediaciones de la trinchera, pero sin formar parapetos.

Pozos de tirador. -Siendo los pozos de tirador trozos de trinchera que se han de construir sin trazado previo, se destinarán al efecto los hombres de cada compañía más instruidos en esta clase de trabajos.

Perfeccionamiento de las trincheras abrigos. -Terminada la construcción de las trincheras, si conviene ocupar la posición de un modo permanente, se deberá ensanchar aumentando el espesor del parapeto con las tierras sacadas del desmonte, se harán escalones en ambos taludes, abriendo también algunas rampas suaves, lo mismo en el revés que en ambos extremos, con objeto de que la fuerza que las guarnezca pueda entrar y salir de ellas con facilidad. Si en las inmediaciones hubiese árboles, se cortarán para establecer delante de las trincheras una o más filas de talas, y toda clase de obstáculos artificiales para impedir la aproximación del enemigo.

Modo de guarnecer las trincheras:

Para que una trinchera del perfil representado en la figura 63 esté bien guarnecida, es preciso que cuente con dos tiradores por metro corriente de parapeto. Estos se formarán en dos filas, que al romper el fuego estrecharán las distancias, colocándose el de segunda fila en pie para hacer fuego sobre el de primera, que estará sentado en la banqueta. Los oficiales y clases se colocarán a lo largo de la trinchera, dentro de ella, en los sitios correspondientes, para vigilar su defensa y reglar la rapidez y buena dirección del tiro, así como para disponer todo cuanto sea necesario, lo mismo para el avance que para la retirada de la fuerza a sus órdenes.

Los defensores de las trincheras-abrigos, representadas en las figuras 64 y 65, serán en igual número que para el caso anterior.

La zanja-trinchera se guarnece con un tirador por metro corriente de línea de fuego, toda vez que los defensores solo caben en ella en una sola fila, en la cual se embeben los oficiales y clases.

Baterías rápidas

Se llaman *baterías* en general, a las obras de fortificación destinadas exclusivamente para la artillería.

El *espaldón*, nombre que recibe el parapeto en las baterías, debe tener el espesor que ya se ha dicho al tratar de los parapetos en general. No es conveniente que un mismo espaldón sirva para varias piezas, siempre que el terreno lo permita; una distancia de 16 metros entre pieza y pieza, estando cada una protegida por su correspondiente espaldón, es la disposición admitida como mejor por todos conceptos; se facilita con ello el servicio y se aminoran los efectos del fuego enemigo.

Las baterías rápidas o del campo de batalla. Tienen que ser, como su nombre lo indica, de construcción muy rápida; y en ellas es preferible, por lo general, colocar cada pieza aislada, y que el tiro sea a barbeta[3] por el mayor campo que de esta manera se tiene, circunstancia en extremo necesaria por la movilidad que con frecuencia tiene el blanco.

La distancia que mediará entre estos pozos de cañón será de 16 a 20 metros, a fin de que la artillería enemiga tenga más puntos a que atender, y para que al propio tiempo sea menor el número de bajas, puesto que, en las baterías corridas, si un proyectil no las produce en una parte, puede ocasionarlas en otra si su desviación no es muy grande.

---

[3] Cuando la pieza tira por encima del plano de fuegos se dice que tira a barbeta.

La figura 76 representa un pozo de cañón. Las tierras procedentes de la excavación del terreno forman una masa cubridora de 0,40 m. de altura. La diferencia de nivel de 0.90 m. entre la cresta del parapeto y el fondo de la excavación, corresponde a la altura de rodilleras de las piezas de campaña. Las trincheras laterales T, de 0.80 m. de profundidad, sirven de abrigo a los sirvientes y los protegen contra los efectos del Shrapnel lanzado a la distancia de 3.000 metros.

La figura 77 representa otro pozo de cañón cuya altura de rodillera es de 95 centímetros, y con *nichos, n n*, para las municiones de consumo inmediato.

Cuando se dispone de muy poco tiempo, y hay que romper el fuego enseguida, únicamente se construirán abrigos para los sirvientes [fig. 78] uno a cada lado del sitio donde ha de emplazarse la pieza; y luego, cuando las circunstancias lo permitan, se unirán los dos terraplenes por un tercero cuyas tierras se extraerán de una trinchera situada a unos 6 m. delante del cañón.

Si el terreno presenta alguna depresión de 40 a 50 centímetros de profundidad, convendrá emplear las baterías enterradas tal como se ve en la figura 79.

Situación de las baterías. - Las baterías deben situarse de manera que batan perfectamente al enemigo, y su distancia al punto atacado estará comprendida entre ciertos límites marcados por el alcance de las piezas.

Para construirse un espaldón deberá elegirse el sitio más a propósito, atendiendo a la naturaleza de las tierras y clase y cultivo de éstas; circunstancias que influyen mucho en la rapidez del trabajo y en la mayor o menor facilidad de que se destaquen a lo lejos por la diferencia de color. Se buscará, por consiguiente, un paraje cuyas tierras sean fáciles de excavar y que esté lo más oculto posible a los fuegos enemigos. Se procurará, además, que el terreno situado a vanguardia no sea duro (pedregoso) porque los tiros cortos del contrario podrían producir chispazos y herir a los sirvientes.

Un terreno fangoso o blando, es muy favorable, pues en él no explotan los proyectiles, y por consiguiente no ocasionan ningún daño. El terreno situado a retaguardia no es bueno que sea muy despejado para que no se destaque la batería; no es conveniente tampoco que sea un bosque u otro obstáculo de difícil acceso, porque se dificultaría la retirada.

XI
Reductos modernos

Hoy en día se *llama reducto a toda obra cerrada independientemente de su figura.*

Sin entrar en serias consideraciones sobre los reductos, cuyo examen corresponde a una obra de mayores méritos, y no a un libro elemental como es éste, sólo los estudiaremos en su forma más sencilla, concretándonos a principiar por el trazado. Este puede ser poligonal o circular, aunque es preferible el primero, porque es de más rápida construcción. La forma del polígono puede ser cualquiera, y únicamente tendrá que cumplir con la condición de batir el terreno exterior sin dejar sectores privados de fuegos, y al mismo tiempo se darán a las caras las direcciones convenientes para que no sean enfiladas. En terrenos accidentados muchas veces habrá necesidad de quebrar los frentes para adaptar mejor la fortificación al terreno.

Generalmente, un reducto tiene un frente que es el indicado para el ataque, el cual se llama frente de ataque o frente de cabeza: laterales se llaman a los contiguos, al de cabeza, y de gola al opuesto a éste. Un frente puede tener uno o más lados lo que conviene distinguir para no sufrir confusiones.

El frente de cabeza puede estar trazado en línea recta o en ángulo saliente al exterior. Tiene la ventaja el frente rectilíneo de que las prolongaciones caen dentro del campo propio o por lo menos en la misma línea de batalla, con lo cual se evita la enfilada; además tiene la buena condición de concentrar los fuegos sobre el ataque.

Sin embargo, muchas veces hay necesidad de quebrarlo para batir determinados puntos del terreno, adoptando trazados caprichosos a primera vista, aunque no lo sean, dado el sitio en que se asienta la obra. Tampoco se empleará el frente rectilíneo, cuando por la forma que tenga el frente de la posición, sus prolongaciones puedan ir a parar a sitios desde donde sea batido fácilmente. Por lo general, el frente de cabeza está expuesto á fuegos directos y oblicuos.

Los frentes laterales están destinados a batir los flancos o los intervalos que median entre un reducto y otro. Deben formar con el frente de cabeza un ángulo de 120º, o algo mayor, dentro de ciertos límites, porque si son demasiado abiertos facilitan el emplazamiento del mayor número de piezas enemigas que batirán de flanco los frentes laterales. Los fuegos que probablemente tendrán más que soportar son los de entilada.

El frente de gola, que ya hemos dicho que es el opuesto al frente de cabeza, es el de menor importancia, y en él se prescindirá de la limitación de abertura en los salientes. Está expuesto a fuegos de revés.

En cuanto a la entrada, pueden adoptarse dos disposiciones: ó se coloca en la gola del reducto o bien se obtiene por el mismo trazado de la obra.

La guarnición de un reducto está ligada íntimamente con las dimensiones que a éste se le den.

Siendo la compañía la menor unidad táctica que puede emplearse en un combate, conviene que la guarnición no sea menor a dicha unidad.

La guarnición máxima será de 500 hombres, para que el trabajo no se aumente, y aun así será penoso.

Se debe contar, dice el Teniente-Coronel español don José María de Soroa -con 0.50 m. a 1 m. de desarrollo de cresta por hombre, en los frentes más expuestos (el de cabeza y a veces los laterales). En los laterales que no lo estén tanto, basta con un hombre por metro, y en el de gola 1 cada 1,5 m.; además de esta fuerza puede haber * de la total que formará la reserva interior, para cubrir bajas y reforzar los puntos más amenazados cuando llegue el momento del asalto.

Si se quiere dar á la defensa activa el máximo de eficacia, se debe situar detrás de cada punto de apoyo una reserva exterior, destinada a impedir los movimientos envolventes del enemigo, interviniendo sólo en estos momentos precisos. Dicha reserva será próximamente la mitad de la guarnición del reducto o de las obras que formen el punto de apoyo, y se dispondrá en trincheras cubridoras.

El mismo Soroa, agrega que, por lo general, no es necesaria la reserva exterior; y que lo será únicamente en el caso de que el reducto esté tan alejado de la línea de combate que no pueda recibir pronto y eficaz socorro. Entonces sí conviene que la reserva se sitúe en algún repliegue del terreno que forme un abrigo natural, o de no encontrarse tal accidente topográfico, se establecerá en trincheras abrigos.

Para completar los trabajos defensivos de un reducto, se establecerán a unos 40 metros de la magistral del frente de cabeza y a 35 metros de los laterales, en una anchura de 10 m. --y a veces se construirán 2 y aun 3 zonas de alambradas, -pozos de lobo y talas; fogatas y torpedos terrestres en los puntos y a distancias que deban colocarse. Entre cada zona de defensas accesorias habrá una distancia de 15 a 20 metros.

En la gola se prescinde de las defensas accesorias; pero en caso de establecerse se dejarán pasos.

El reducto representado en la figura 80 está proyectado para una compañía de 250 hombres; su planta horizontal es de un heptágono simétrico, con el frente de ataque ligeramente quebrado al exterior y constituido por dos lados de 30 metros de longitud cada uno; los flancos también formando ángulo saliente, tienen 40 m., 20 cada uno de los dos lados que lo forman; la gola rectilínea 60; sumando, por lo tanto, 200 metros el desarrollo total de la magistral.

El perfil del frente principal presenta un parapeto de 5 metros de espesor, con un relieve de 1 m. y un foso de un metro de profundidad. La banqueta está á 1.30 m. por debajo de la cresta, y desde ella, por unos escalones, se baja á la trinchera interior, cuya profundidad es la de 1,50 m.

Con ligera reducción en el espesor del parapeto, este mismo es el perfil del primer lado de cada uno de los dos flancos; pero en el centro de cada uno hay un través que deja libre las comunicaciones en la trinchera, y deja también libres y corridos, tanto el parapeto como la banqueta. De los dos traveses, el de la izquierda tiene un abrigo blindado para que sirva de repuesto de municiones.

En el centro de la obra, y en dirección paralela á la gola, se ve un abrigo blindado para la guarnición. Sus dimensiones son: 28 metros de longitud, 2 de anchura y otros 2 de altura interior de techo. El suelo del abrigo está 2,50 m. por debajo del terreno.

Las trincheras interiores no se extienden más que por detrás del frente de ataque y de los primeros lados de los flancos. En los segundos lados de éstos y en la gola no existen; pero por delante del abrigo blindado corre una trinchera que pone en comunicación los de ambos flancos, y hacia la gola termina la red de comunicaciones interiores con dos rampas que facilitan el acceso desde la entrada.

Esta, en el centro de la gola, consiste en doble rampa de bajada al foso por la escarpa y contra escarpa, y queda resguardada por un corchete exterior.

Para formarse mejor idea sobre la descripción de dicho reducto, véanse los perfiles A B E F P y C D.

El reducto proyectado dará mejores resultados si en él no se coloca artillería, pues no tiene ventajas materiales ni morales establecer en los reductos esta arma. Ofrecen, en primer lugar, mayor dificultad para la construcción del redacto, porque las disposiciones para artillería son bastante más complicadas que para fusilería; sirven de blanco a la artillería enemiga por el antiguo y conocido aforismo de guerra de que el cañón tira al cañón; ocupa cada pieza el lugar en que podían estar veinte tiradores, más o menos, los cuales darán, 'con la rapidez de las armas portátiles modernas, un tiro cuyo poder defensivo es superior al que pueden proporcionar en el mismo tiempo las piezas de artillería; esto, cuando el combate va siendo próximo, y para el lejano, claro es que las cuatro o cinco piezas que un reducto contiene no pueden luchar con las grandes baterías del ataque.

Además, cuando la artillería de los reductos está en acción, la infantería se ve expuesta inútilmente a los disparos de la artillería enemiga; y cuando es la infantería la que combate, le llega el turno a la artillería de verse expuesta sin provecho para la defensa.

Si a esto unimos lo dicho al tratar de las baterías, y las ventajas que resultan de que la artillería tenga obras especiales con entera independencia de las demás armas, y en que pueda el oficial encargado de ella tener toda la iniciativa necesaria, deduciremos que los reductos deben ser guarnecidos únicamente por la infantería.

XII
Lunetas. Grupos de obras. --Punto de apoyo.

Lunetas. Se llaman obras abiertas por la gola o lunetas a las obras abiertas por es frente que no es atacable, o por donde sean menos probables los ataques, y al cual se llama gola.

Las condiciones con que deben cumplir son las mismas que las que se han mencionado para los reductos, y su trazado tiene que obedecer a consideraciones análogas.

Cuando estas obras tienen la gola verdaderamente abierta, es decir, que no está apoyada en ningún obstáculo como un río, inundación, etc., que impidan el ataque de revés, no son obras defensivas, y la infantería que las guarnezca se retirará tan pronto como sea inminente el asalto, al que no pueden resistir.

Existe una clase de obras llamadas lunetas con gola defensiva, cuyo objeto es poder resistir, aunque el enemigo se aproxime y evitar las sorpresas durante la noche, y los ataques a viva fuerza de día.

El cerramiento de gola puede consistir en una línea de defensas accesorias, reforzada en ocasiones por un parapeto sencillo y sin foso, que permitirá defender con fuegos aquella línea de obstáculos.

A fin de comprender mejor la organización de una obra con gola defensiva, se pone el siguiente ejemplo: La figura 81 demuestra una luneta con el frente de cabeza quebrado, de 25 metros cada lado de este y 10 m. los flancos, lo cual da un desarrollo de magistral de 70 metros.

La guarnición que ha de defenderla es de 125 hombres, ó sea media compañía.

En esta luneta hay siete traveses T (perfiles A B C D y E F), de muy escaso relieve y análogos a los propuestos por Girard, que resguardan del fuego de enfilada.

El abrigo H H H H H H (véase plano y perfil A B C D), permite proteger a 100 hombres; a él se llega por dos rampas laterales R R.

Grupos de obras. - La organización de un punto de apoyo de cierta importancia, exige, además de la construcción de una obra principal, la de otras obras secundarias, tales como trincheras abrigos, que se situarán a vanguardia o a los lados de la primera, constituyendo lo que se llama grupos de obras.

Para una compañía pueden estar formados por una luneta para 3 secciones, y 2 trincheras-abrigos a los lados para media sección cada una. Esto si la compañía tiene 4 secciones.

Para un batallón (fig. 82), se pueden establecer dos lunetas para dos compañías, separadas por un intervalo de 800 m., y a cada lado una trinchera para una sección que se destacará de las dos mencionadas unidades para batir la posición de flanco.

Detrás del intervalo que media entre las dos obras principales, se formarán dos trincheras-abrigos de unos 75 metros de desarrollo cada una, que alojarán una tercera compañía; y, por último, a retaguardia una trinchera que servirá de abrigo a la cuarta compañía del batallón.

Puntos de apoyo. --Los puntos de apoyo o centro de resistencia son obras cerradas, alrededor de las cuales pueden acumularse obstáculos de todas clases. La distancia entre cada dos reductos será de 1,200 m., por término medio, y siempre se supeditarán á la condición de que los intervalos queden perfectamente batidos; para que sea imposible forzar un intervalo, se organizarán en forma que se basten a sí propios sin necesitar el apoyo de los colaterales. Pero si bien esta solución es la mejor, debe tenerse presente que las obras cerradas no conviene que estén aisladas. salvo en el caso de tratarse de una posición poco extensa; tendrán más fuerza si se unen por línea, ya sean de perfil ofensivo, ya de perfil defensivo. La adopción de este último equivale a condenar a las tropas a una pasividad que no corresponde a la importancia que tienen los puntos de apoyo, y únicamente, si la posición fuera algo extensa, podría organizarse así.

Esta solución es la que da a la posición el carácter ofensivo-defensivo; los puntos de apoyo, por su fuerza y su resistencia, impiden que el contrario rebase la posición, y son verdaderamente los que sirven para la defensa.

XIII
Fortificación accidental

Se llama fortificación accidental a una parte de la fortificación de campaña que enseña a utilizar aquellos accidentes naturales o artificiales que con frecuencia se encuentran, los cuales, convenientemente modificados, son un auxiliar poderoso y unos elementos de gran valor que nunca deben despreciarse.

Comprende diversidad de casos, y en todos ellos exigen por parte del Ingeniero un sentido práctico que reconozca de una rápida ojeada cuál es lo *útil*, qué lo *accesorio*, y se sirva de ello del modo más a propósito y conveniente.

Hemos visto (Cap. I), que algunas veces es necesario elevar obstáculos o reformar los que el terreno ofrece para preservar del efecto de las armas enemigas y aumentar las de las propias.

Los muros son un accidente que protegen por completo á los defensores contra el fuego de fusilería; y de los proyectiles de artillería también si tiene, por lo menos, un metro de espesor.

Cuando el muro no sea muy alto, se hará fuego por encima, más aún si tiene gran espesor y es de piedra dura que dificulte abrir aspilleras. El tiro es mucho más eficaz que el que por éstas se hace, pero expone mucho a los defensores.

Si la altura es mayor de 1,30 metros y se quiere reforzar el muro, se abrirá una trinchera interior, formando una pequeña banqueta echando las tierras delante, con lo cual queda más protegida (fig. 83). Si éste tiene más de 1^{m} 30, se pondrán bancos, sillas, etc., de las que se encuentren en las casas inmediatas, para hacer fuego por encima (fig. 84). Otras veces, si el muro no es demasiado grueso ni de piedra muy dura, se abren aspilleras, formando delante una trinchera para que el enemigo no alcance a ellas (fig. 85), y se formará un orden de fuegos alto en andamios.

Respecto a las aspilleras, debe advertirse que las que tienen ensanche hacia el interior, preservan mucho más a los defensores que las ensanchadas hacia afuera; pero en cambio, desde ellas se ve peor lo que ocurre en el terreno anterior al muro. Por lo tanto, deben abrirse algunas ensanchadas hacia el exterior, en los sitios en que deba ser mejor la vigilancia.

Las aspilleras pueden tener la mayor dimensión en sentido horizontal o en dirección vertical. Las horizontales son mejores porque baten más terreno, pero debilitan mucho el muro. Si son verticales, sus dimensiones, por lo común, serán de 0,10 m. de ancho por 0,25 m. de alto, y se dejarán 0,75 m. de separación entre una y otra. Las horizontales serán de 0,10 m. por 0,80 m., y habrá 1 m. entre cada dos.

Los setos tienen la ventaja de ocultar a los tiradores, y por lo tanto se disminuyen las bajas que ocasiona el fuego enemigo. A la altura conveniente se dejará algún espacio en claro para observar el terreno exterior y hacer fuego.

Para proteger más a los soldados, se cava detrás una trinchera abrigo, cuyas tierras se adosan al seto, (fig. 86).

Las verjas y cercas de tablas se utilizan de la misma manera, teniendo presente de colocar tablas u otros objetos para que la tierra se pueda adosar fácilmente.

Los caminos en desmonte (fig. 87), A B C D, en el cual el borde interior D está más elevado que el exterior A, se cavará hacia el interior una zanja Z, de profundidad variable, según el tiempo de que se disponga; y se echarán las tierras al camino, con lo cual nada indicará al contrario la presencia de una línea de tiradores.

Cuando el terreno, a uno y otro lado del camino, sea horizontal, se debe construir sobre el borde interior una masa cubridora para batir mejor el terreno situado delante del camino (fig. 88) A B C D.

Los ríos que no son vadeables son un excelente obstáculo y que hacen muy difícil el ataque de frente a un atrincheramiento. Si son vadeables pierden mucha de su importancia, aunque a veces, si es posible hacerlos desbordar formando una inundación artificial, puede conseguirse con su empleo buenos servicios. Esto se hará por medio de un dique, que, deteniendo las aguas, las hagan extenderse en gran zona de terreno. Pero esta operación resulta difícil de practicar en campaña, porque exige bastante tiempo y trabajo. Sólo se recurrirá a ella cuando algún valle esté atravesado por un camino en terraplén y se pueda utilizar algún puente, obstruyéndolo, a fin de que pronto suban las aguas á suficiente altura para producir la inundación.

En la mayoría de las veces hay necesidad de echar mano de aquellos materiales que más pronto se encuentren, pues, aunque no tengan o reúnan todas las condiciones necesarias, ofrecerán la ventaja de rapidez.

Muchos son los materiales que se pueden aprovechar, pero sería demás citarlos todos. Varias filas de árboles amontonados y con tierra encima, que puede sacarse de una trinchera interior [fig. 89], forman un *parapeto tala*, atrincheramiento que tiene el doble carácter de abrigo y de obstáculo, y tiene la ventaja de no ser visto desde lejos porque la ocultan las ramas de los árboles.

Las *barricadas* no son otra cosa, dice Soroa –que un parapeto cuyo objeto es cerrar un paso cualquiera, por más de que el uso ha hecho que este nombre se reserve para las que se construyen en las calles. Esta aplicación es muy importante cuando se combate en poblaciones.

Se puede establecer una doble fila de toneles llenos de tierra, estiércol, etc., de modo que los de una fila ocupen los claros que dejan los de la primera y echar adelante la tierra que se saca de una trinchera interior.

Los cajones llenos de tierra, muebles, fardos, etc., sirven también con igual fin, y se pueden utilizar con buen resultado.

En las barricadas se dejará un paso P, tal como se ve en la figura 90.

Otro punto que merece importancia estudiarlo, es la manera de organizar defensivamente los edificios. Es difícil dar reglas generales para la organización de la defensa de un edificio, porque hay que utilizarlo según la forma que tenga.

Si es posible, se elegirá un edificio que domine todo lo que le rodea; que sea de sólida construcción; que los materiales sean a propósito para ponerlos en estado de defensa; que el recinto sea proporcionado al número de defensores, y que no requiera, para ponerlo en condiciones de defensa, demasiado tiempo y trabajo; que por su forma se facilite el flanqueo; y, que sea de difícil acceso por la parte donde pueda ser atacado, y, en cambio, de fácil retirada.

Conviene observar que las paredes gruesas son las que resisten más, pero tienen la desventaja de que dificultan abrir aspilleras. Además, las paredes de ladrillo son mejores que las de piedras, porque éstas, al choque de los proyectiles, saltan, y los fragmentos de aquéllas son peligrosos a los defensores; mientras que las de ladrillo no causan más efecto que el de penetración. Por otra parte, es más fácil abrir aspilleras en éstas que en aquéllas.

Deben despreciarse las casas de madera y las de techos de paja o de ramaje, porque pueden ser incendiadas con facilidad.

Se puede calcular el número de hombres a razón de 1 por cada 4 m. de piso bajo, por cada 6 de piso principal y por cada 8 de los demás.

Se reunirán los materiales para el trabajo, y una vez hecho esto, se establecerán barricadas en las puertas y ventanas bajas, y se quitarán todos los obstáculos exteriores; deben abrirse fosos delante de las puertas y aspilleras en las ventanas del piso principal; lo mismo en los muros del edificio, principiando por las partes más fácilmente atacables; se construirán defensas accesorias, talas de árboles, etc., y se aumenta la defensa del puesto por la construcción de tambores flanqueantes. Todas las obras exteriores, como cercas de jardín, etc., se fortificarán.

Las puertas y ventanas bajas se cerrarán, (así lo hizo un Comandante de Armas para defender el cuartel de Choluteca el 5 de julio de 1908), amontonando por la parte interior cajones o barriles llenos de tierra, hasta la altura de 1,80 m. a 2 metros; se abrirán aspilleras en la parte superior y se colocarán barricadas en las puertas, dejando aspilleras. Los soldados quedarán protegidos con cualquier obstáculo que llene el hueco de la ventana, hasta la altura de 1,30 m. sobre el nivel del suelo de la habitación. Por lo tanto, dos o tres filas de sacos terreros, vigas, colchones, etc., colocados en el antepecho de la ventana, servirán para conseguir este resultado.

En los suelos se abrirán agujeros para tirar sobre el enemigo que se hubiese apoderado del piso inferior. Se destruirán los árboles que estén cerca del edificio y se pondrán escaleras de mano, que se quitarán cuando se juzgue oportuno. Deben formarse tambores flanqueantes en los ángulos del edificio a fin de flanquear las caras.

Para batir el pie del muro se pondrán matacanes en sustitución de tambores, y para lo cual se levantan algunas losas de los balcones, como representa la figura 91.

Se aprovecharán los cobertizos, casas de guarda, etc., como puentes avanzados.

En toda población el edificio más resistente es la iglesia. En ésta, generalmente, será difícil abrir aspilleras, porque sus muros tienen bastante espesor. Habrá necesidad, por consiguiente, de aprovechar todas las ventanas, que, por estar altas, necesitarán un andamio para llegar a ellas. Estos edificios, por la misma forma de la planta, que suele ser en cruz, permite el flanqueo por sus mismas caras. Antes de todo trabajo deben retirarse los objetos de culto e imágenes divinas a un sitio seguro, y no dar lugar a profanaciones de ninguna clase; y para ello, el jefe u oficial encargado de la defensa, se pondrá de acuerdo con el sacerdote encargado del templo.

Lo expuesto es para el caso de que se disponga de un tiempo de 8 a 10 días; pero si el tiempo es de pocas horas, se hará lo indispensable, dejando para después, si hay tiempo, lo demás. Lo primero que debe hacerse es quitar los objetos inflamables, obstruir las puertas, tapar las ventanas y abrir agujeros de cualquier forma que sirvan de aspilleras.

La guarnición será calculada como se ha dicho, o también a razón de dos hombres por ventana del piso bajo; 1 por cada balcón de los demás pisos o por aspillera; varios para las buhardillas; una reserva de un tercio de total, y, por último, algunos soldados para que puedan acudir donde ocurra algún incendio, etc.

Preparación defensiva de pueblos y caseríos. --Para organizar la defensa de un pueblo debe examinarse su extensión y su posición.

Respecto de la primera, no son los pueblos grandes los más apropiados para defenderse; respecto a la segunda, el pueblo puede por sí constituir la posición cuando se trata de una fuerza poco considerable, como en el caso de una vanguardia o retaguardia, como cabezas de puente, estación de etapa, etc., o bien ser un accidente de la posición principal y encontrarse sobre la línea principal de defensa; en el interior de la posición, o a un flanco como puntos de apoyo; en este caso la importancia será la que tenga la posición en que se haya situado.

Las ventajas que ofrece un pueblo para el que lo defiende, son:

1° Estar al abrigo de las vistas, y tal vez de los fuegos del contrario, utilizando los muros, cercas, etc., o habitándolas fácilmente con dicho fin.

2° Aprovecharse de los accidentes que dificulten el avance del contrario y le obliguen a permanecer más tiempo bajo la acción de nuestros fuegos.

3° Aumentar la eficacia de las armas portátiles de fuego por encontrar donde apoyarlas. Estas ventajas se neutralizan en parte por algunos inconvenientes; los principales son:

1º Los accidentes de todo género que de ordinario hay en las afueras de los pueblos, facilitan el avance del atacante y le sirven de apoyo caso de ser rechazado.

2º La dirección del combate se dificulta, así como el manejo y maniobras de las tropas que pierden su formación, se hace difícil retirarlas del combate o apoyarlas. Si hay que abandonar el pueblo, se dejan muchos prisioneros en poder del enemigo. Se dificulta la salida en orden al retirarse del pueblo.

3º El efecto de la artillería en un pueblo, cuando puede ser batido en buenas condiciones, produce incendios y desplomos que dificultan la defensa; por eso es preciso que la defensa esté apoyada por una artillería poderosa.

4° La infantería es la única arma aprovechable en la defensa interior; la artillería puede emplearse poco o nada en el interior, y nada la caballería.

Los inconvenientes citados se acentúan cuando el pueblo es muy extenso, no se puede encerrar un grupo considerable de tropas en él, y uno pequeño no puede tener resultado.

El efecto de los proyectiles de la artillería debe, en lo que atañe á las construcciones u obstáculos, tenerse muy en cuenta, lo mismo que sobre los defensores.

No hay que imaginarse que un pueblo sea destruido con pocas piezas.

«La granada de segmentos, dice Langlois, y la de metralla, cuando al chocar con un muro de cierto espesor lo atraviesan, ocasionando una brecha de 0,25 a 0,30 m. de diámetro en la entrada y de 0,60 a 1,50 en la salida; después estallan más allá del muro y cubren de cascos de proyectil y tierras de la construcción, gran superficie de terreno». El mismo autor dice que con el proyectil no se pueden practicar más que brechas, no ruina de edificio, y esto con mucho gasto de proyectiles; para cada metro de frente de caserío aprecia que son necesarios de 1 a $\frac{1}{2}$ proyectil de 9^{cm}.

Además de eso, como la explosión del proyectil se efectúa, en general, después de atravesar el muro, por el retraso en la combustión del mixto de la espoleta, no puede el mismo proyectil atravesar dos muros. Por lo que atañe a los defensores, únicamente serán heridos los que estén en el punto de estallido y a la altura conveniente; los que tengan la precaución de ponerse tras un segundo muro, y a poca altura sobre el terreno, estarán desenfilados hasta de los proyectiles que, salvando las construcciones por sobre sus cubiertas, estallen en las calles.

Para la preparación de un pueblo [o caserío] con el fin de defenderlo, hay que atender al pueblo en sí y al terreno exterior como cualquiera otra posición.

La fortificación de un pueblo o caserío consiste en el perfeccionamiento de sus medios naturales defensivos, teniendo en cuenta las armas con que pueda ser batido y el tiempo y medios de que se disponga. Primero se construyen las obras más importantes, completándolas después, si hay tiempo.

El frente probable de ataque es el que primero se ha de defender. Este se prepara construyendo trincheras o aprovechando las cercas, 70 a 80 m. delante de las casas para que las ocupen los tiradores, evitando así que los cascos de los proyectiles estallen al chocar en los muros del lindero. Conviene que el frente ofrezca entrantes y salientes; así sin ocuparlo todo, se puede batir. Se reforzará el frente barreando las avenidas con talas, carros, útiles de labranza, cortaduras.

En el interior hay que tener presente el género de construcciones de los edificios, las comunicaciones y los obstáculos que se puedan utilizar como líneas de defensa.

Si en el interior del pueblo hay alguna calle ancha o atravesada por arroyo paralelo al frente de ataque, puede habilitarse como segunda línea de defensa, que se preparara como el recinto exterior, despejando en lo posible el campo de tiro, fortificando las casas, etc. Caso de existir algún edificio, tal como almacén, fábrica, etc., de buena construcción, y al abrigo de los fuegos del atacante, y que esté situado en plaza o sitio despejado, se puede emplear como reducto interior, al que se le destinará una fuerza especial. Se elegirá a retaguardia una posición apropiada para proteger desde ella la retirada de los defensores.

En el interior sólo se fortificarán aquellas casas que convenga ocupar por su situación respecto a las encrucijadas, lugares que batan avenidas probables del enemigo, caso de apoderarse del recinto, etc. Se establecerán las comunicaciones abriendo a través de las tapias de los corrales o jardines, entre los puntos ocupados por los refuerzos de las tropas del lindero y éste, pasos transversales que faciliten las relaciones tácticas.

El pueblo representado en la figura 92, se halla situado en el cruce de varios caminos. Para ponerlo en estado de defensa, se formará una primera línea *a b c d f g h k*, constituida por las tapias y setos en unos lados, y por trincheras *f g*, a A, en otros. La casa *m* que se encuentra demasiado avanzada del resto de la población, se dejará abandonada; pero a fin de que el enemigo no la utilice, se abrirán en sus muros grandes brechas en dirección perpendicular á. la línea de defensa, para poder batirla convenientemente.

"La segunda línea está constituida por las casas situadas a lo largo de la carretera que atraviesa el pueblo. La casa P y la iglesia, que puede hacer una defensa más enérgica, se organizarán como ya se sabe. Por último, la casa *s,* algo aislada y a retaguardia de la población, servirá de reducto interior: le prestarán apoyo una trinchera abrigo a la derecha y el camino organizado defensivamente en cierta longitud a la izquierda. La artillería distribuida en dos baterías se situará en T, T, a cierta distancia o retaguardia y en puntos algo elevados.

Defensa de bosques. Los bosques pueden utilizarse como posición aislada, atacada o defendida por una tropa poco numerosa, o como punto de apoyo de una posición ocupada por fuerzas considerables, pudiendo en este caso, estar en el frente, interior ó flanco de éstas. Los bosques ofrecen protección contra los proyectiles de fusilería, y más aún contra los Shrapnel de artillería, ocultan los movimientos de la defensa, y pueden defenderse con fuerzas poco numerosas. En cambio, se hacen difíciles el mando, movimientos y relación entre las tropas.

Las condiciones de los bosques, como teatro de combate, varían algo según su naturaleza. Un bosque de árboles corpulentos y algo esparcidos reúne las mejores condiciones para la defensa, porque protege, y a la par no dificultan los movimientos de las tropas aun de caballería ó artillería. Un tallar ofrece la ventaja de cubrir bien a los tiradores que ocupen el lindero; pero, en cambio, dificulta los movimientos de las tropas fuera de camino, y, por tanto, la relación de éstas entre sí, e imposibilita en su interior el empleo de la caballería. El monte o bosque bajo y enmarañado, imposibilita los movimientos de las tropas aun de infantería, y hay que abrirse paso cortando el ramaje; por esto son lentos los movimientos, y es apropiado; ya formé una masa extensa y continua o ya con soluciones de continuidad (monte claro), para el combate de fuerzas poco considerables de infantería.

Dadas las grandes semejanzas del combate en pueblos con los de bosques, abreviamos la exposición así:

En los bosques, más aún que en los pueblos, lo principal es hacerse dueño del lindero; por eso en éste es la lucha más encarnizada; en el interior del bosque las dificultades de ver y manejar las tropas y guiarlas a una acción común, dan lugar a que el combate pierda en decisión y sea un tiroteo interminable que el defensor puede hacer durar mucho tiempo, a menos que, cortadas sus comunicaciones por el exterior, se vea obligado a abandonarlo.

El lindero se prepara como las afueras de los pueblos, cuidando principalmente de los salientes y los caminos, porque los unos han de ser los puntos preferidos de ataque, y los otros los de irrupción o entrada.

Si el *lindero* no sigue las formas del terreno y permite batir bien las avenidas, se construyen trincheras, que, de haber tiempo, se cubren con pantallas de ramaje.

Las trincheras deben construirse siguiendo las formas del terreno y 50 a 60 m. delante del lindero. Los lugares cuyo acceso convenga cerrar y por los que no se ha de desembocar, se cierran con talas, alambres pasados entre los árboles, etc. Lo mismo se hace, con el fin de apoyar los flancos, cuando el bosque sea extenso o no proporcionado a la fuerza.

La figura 93 determina la forma de organizar un bosque. La linde de éste reemplaza al recinto en los poblados. Cuando el lindero no presente entrantes ni salientes, habrá necesidad, para tener flanqueo, de establecer obras de tierra S, S, colocadas delante del bosque.

Las casas de guarda, A, por ejemplo, o caseríos de otro género, del interior del bosque, pueden servir como reductos, si tienen condiciones para ello, organizándose como se dijo al tratar de los pueblos.

Las comunicaciones interiores B, B, son de mucha importancia, y a veces forman sectores 1, 2 y 3 diferentes, cuya defensa se encomienda a jefes distintos. En otros casos hay que abrir en el interior algún camino C, C, para unir entre sí los diferentes senderos radiales.

La línea de defensa interior se establece si hay algún río o arrollo de laderas escarpadas; pero si esto coincide con una zona de alguna anchura, despejada de arboleda, será preciso que el obstáculo tenga pasos que permitan con facilidad la retirada de las tropas que combatan en primera línea.

Si el bosque tiene poca extensión, se han de construir en los flancos espaldones para la artillería y trincheras para las tropas que la apoyen, y preparar la desembocadura de la reserva exterior.

Por medio de señales se fijan los caminos afectos a cada unidad.

XIV
Campos de batalla

Las batallas antiguas, de ordinario se libraban en campo abierto, y ambos combatientes tomaban la ofensiva, porque no se empleaba más que el arma blanca o las arrojadizas de poco alcance: toda la fuerza, aparte de la moral, residía en la conservación del orden de combate y las maniobras: a veces una batalla decidía una campaña. Con el empleo de las armas de fuego, aparece el aprovechamiento del terreno, limitado hasta entonces a los sitios de plaza; desde esa época el partido más débil se aferra a él y busca a su abrigo la fuerza de que carece. Acentuado el valor del terreno, se le llega a dar una importancia decisiva y se fía en él la victoria más que en otros elementos de combate (posiciones inexpugnables). Eso conduce a una forma de combatir, que se reduce a impedir que el enemigo llegue al choque y se apodere de la posición, la que se denomina defensiva. A esta forma se le dio gran importancia en otra época, principalmente por la poca aptitud maniobrera de las tropas, su disposición por líneas y el orden de combate inicial, que había de cuidarse no alterar. Este sistema daba al combate pocos resultados decisivos: las campañas duraban mucho.

La guerra exige en la época presente soluciones rápidas. El estado social no permite guerras de larga duración; el desenlace hay que buscarlo a toda costa; los combates principales han de tener carácter decisivo y destructor.

Nosotros estudiaremos la fortificación de los campos de batalla para el combate en la forma *ofensiva defensiva.*

Tres líneas diferentes comprenden la organización de un campo de batalla ofensivo defensivo: línea principal, línea avanzada y línea de retirada.

En principio no se fortifica como posición principal de combate más que una sola línea de defensa. El frente de ella debe plegarse a la configuración del terreno, y lo mismo podrá ser quebrado que en escalones; pero, por lo general, presentará una doble línea de fuego: la primera o sea la de vanguardia, estará constituida por las tropas de infantería, marcada por los *puntos de apoyo y los intervalos* entre éstos; la segunda línea o sea la de retaguardia está formada por las posiciones de la artillería.

La distancia que generalmente mediará entre los puntos de apoyo será de 500 a 1,500 m.

Deben tener la suficiente resistencia para que puedan ser conservados cuando las líneas de defensa inmediatas hayan caído en poder del enemigo, procurando impedir al asaltante penetrar en el interior del frente y establecerse en las posiciones conquistadas. Los atrincheramientos que constituya el núcleo podrán estar destinados ya a la defensa de frente, ya a la de flanco, o bien, por último, a formar parte de una segunda línea defensiva.

Una obra en forma de luneta, abierta por la gola, si se trata de trabajos del campo de batalla, o un reducto en trabajos de posición, pueden formar un núcleo de resistencia, cuya defensa se confiará a 1 o 2 compañías; los intervalos se protegerán con sencillas trincheras de perfil más o menos perfecto.

El sostén de las fracciones atrincheradas, a fin de mantener la cohesión de la unidad á que pertenecen, de be establecerse en un punto no muy lejano, y por su posición que ofrezca pronta y eficaz protección.

Puede organizarse la defensa adoptando las disposiciones que indican las figuras 94 y 95: la primera para una compañía y la segunda para dos.

Los puestos avanzados, ya estén en todo el frente, o va solo se encuentren en determinadas partes de la posición, tienen por objeto retardar y hacer más difícil el ataque. Deben elegirse y organizarse en una forma, que no puedan ser vistos desde lejos, por el contrario, y tratar de que éste, engañadamente, se aproxime con su infantería para hacer un reconocimiento, y cuando lleguen sus primeras fuerzas al alcance eficaz del fusil y sus sostenes y reservas a tiro de cañón, romper un fuego simultáneo. Se tratará de ocultar las disposiciones tomadas en la posición principal; obligar a un prematuro despliegue de fuerzas e impedir los reconocimientos.

La ocupación de posiciones avanzadas es inmediata consecuencia muchas veces de la configuración del terreno. Cuando se tomen estas posiciones, hay que organizarlas de tal manera que opongan suficiente resistencia de frente, que aseguren la protección de los flancos y de la probable línea de retirada, y, por último, que no proporcionen al enemigo, una vez dueño de ellas, abrigo que favorezca la reorganización de sus fuerzas, ni puntos de apoyo que afiancen la posición.

Lo primero se consigue por simples trincheras abrigos, siempre que estén bien guarnecidas, reforzadas, si acaso, por algunas baterías laterales, si es que el terreno no ofrece ningún apoyo natural, tal como alguna finca, bosque, etc., en cuyo caso se pondrán éstos en estado de defensa.

Los flancos de la posición avanzada se protegerán por la posición principal, cuyas baterías tienen, entre otras, la misión de contrarrestar los movimientos envolventes del enemigo.

La retirada a la posición principal se asegurará eligiendo para efectuarla, los caminos en desmonte que crucen las posiciones, las cercas, tapias, etc.

Si en la retirada hubiere algún punto de paso obligado, será preciso defenderlo a toda costa y confiar su posesión a las tropas más aguerridas. La organización de la posición de retirada deberá prestarse a una defensa activa, porque, como dice Soroa, citando sobre este punto al mariscal Buguead: "hay que batirse como leones en las retiradas."

Los puntos de apoyo se escalonarán en sentido de la profundidad del campo de batalla, y en la defensa de ellos jugará la artillería el principal papel.

Respecto al número de hombres que deben ocuparla, según el desarrollo que tenga su perímetro, es muy variable y depende de las circunstancias. Por término medio puede calcularse, contando con *seis a siete* hombres por *metro* de longitud de frente.

Defensa de ríos. Los ríos, si son caudalosos, constituyen un obstáculo de gran valor, tanto para las operaciones ofensivas como defensivas, sabiendo utilizar los puentes.

Por medio de *cabezas de puente* se consigue impedir que el enemigo los atraviese y, al mismo tiempo, se asegura su comunicación. Las cabezas de puente las dividen todos los tratadistas de fortificación de campaña, en dos clases: cabezas de puente defensivas, que son aquellas con las que se trata de asegurar la posesión del paso e impedir el del enemigo; y ofensivas o de maniobra, cuando tienen por objeto facilitar los movimientos de las tropas, ya sea en avance o en retirada.

Las cabezas de puente defensivas consisten en un atrincheramiento que se establece en la orilla enemiga, cubriendo el puente. (1).

Son diversos los procedimientos que pueden adoptarse en su organización. El procedimiento mejor en cuanto a la rapidez, más cuando se dispone de poco tiempo, es construir trincheras abrigos a b c (fig. 96), para batir con fuegos directos el terreno que hay delante, y abriendo después las trincheras c d y e f en la orilla amiga o propia, que servirán para el flanqueo de la opuesta.

Si hay alturas en la orilla amiga (fig. 97), es conveniente colocar en ellas baterías con objeto de cañonear el terreno anterior a la cabeza de puente y a evitar que una vez conquistada ésta pueda el enemigo atravesarla.

Las cabezas de puente de maniobra forman posiciones defensivas de gran valor, ocupan una zona de terreno bastante considerable, y su defensa se encomienda a tropas numerosas. Deben estar perfectamente protegidas desde la orilla amiga, cubrir el puente, en lo posible, de los fuegos enemigos, comprender el desarrollo suficiente para contener en su interior las tropas, carruajes, etc., necesarios, y ofrecer salidas fáciles al exterior y en número conveniente en su interior.

Generalmente, consistirá en una primera línea exterior, formada por algunos puntos de apoyo, pueblos, reductos, etc., unidos por un atrincheramiento de campaña, sin que forme línea continua. La distancia a que se establecerá esta primera línea avanzada será por término medio de 3 kilómetros (fig. 98). Se establecerá una segunda línea detrás de la primera, que puede estar formada por uno o varios reductos, o también por un pueblo, si lo hay, puesto en estado de defensa.

Finalmente, en la orilla amiga se construirán baterías y trincheras, cuyo objeto será impedir que el enemigo ocupe el recinto exterior, y después de tomado éste, contribuir a la defensa del atrincheramiento de seguridad.

En muchas ocasiones el paso del río se defiende desde la orilla amiga, destinando tropas que la recorran y den aviso de los movimientos del enemigo, y se constituyen obras que defiendan la entrada. Estas obras se llaman *atrincheramientos barreros*.

Si el punto donde está situado el puente tiene la forma cóncava, lo cual es muy común en los ríos, y hay dos colinas á uno y otro lado del camino que conduce al puente, se colocarán las baterías *a a* (fig. 99) y el reducto *r*. Las trincheras *c c* tendrán por objeto impedir que el enemigo eche un puente.

Pueden también defenderse por medio de barricadas y utilizar las casas que estén próximas, fortificándolas convenientemente.

XV
Ataque y defensa de atrincheramientos

Vamos a tratar del ataque y defensa de atrincheramientos rápidos, es decir, de los que se construyen en vísperas de un combate ó durante él.

Ataque. Las obras de fortificación de campaña pueden atacarse:

1° A viva fuerza.

2° Por sorpresa.

1° ATAQUE Á VIVA FUERZA. Se impone cuando urge apoderarse de las obras y es imposible tomarlas por sorpresa. El procedimiento general estriba en cañonear los atrincheramientos eficazmente y durante el tiempo necesario. Contener a los defensores con fuertes líneas de tiradores, en tanto avanzan las columnas, asaltar con éstas las obras, apoyadas por las reservas; si las obras son abiertas por la gola, dirigir fuerzas a ella. Conviene puntualizar algunos detalles de interés.

La artillería debe emplazarse a 1.000 o 1.500 m. de las obras, en el momento del asalto; a fin de que su fuego permita abrir brecha para aquél, a cubierto con el terreno o espaldones; desde su posición debe batir los atrincheramientos, a ser posible, de enfilada, y dirigir sus fuegos a la artillería de la defensa, y después que ha conseguido acallar a ésta, contra los obstáculos que puedan oponerse al avance de la infantería. Cuando ésta entra en fuego cambia la artillería de blanco y dirige sus tiros a las reservas. Las piezas de tiro curvo, obuses y morteros, tienen gran aplicación para batir al interior de las obras. No debe lanzarse la infantería á descubierto, en tanto no haya producido su efecto la artillería.

La infantería se organiza en tantas columnas de asalto como objetivos se determinen, y se disponen en orden de combate en la siguiente forma:

1° Línea de fuego con sus reservas parciales o sostenes.

2° Fuerza de choque o columna de asalto.

3° Reservas.

Con la segunda marchan zapadores, provistos de útiles y dinamita para despejar los obstáculos, y destacamentos de artillería, con el fin de poner en estado de servicio o inutilizar, según convenga, las piezas de que se apoderen.

La columna de asalto se pone en movimiento una vez acallada la artillería de la defensa; las líneas de tiradores o guerrillas, seguidas de sus reservas, avanzan lo más rápidamente posible, hasta llegar a 400 m. o 500 m. de la obra; allí rompen el fuego de una manera vivísima, con el fin de dominará los de la defensa; obtenido algún resultado, avanzan los segundos escalones o de choque, al encontrarse éstos à 150 m. o 200 m. de la guerrilla avanza ésta a su vez hasta llegar a la cresta de la contraescarpa, donde con sus fuegos debe dominar los de la defensa y distraer su atención para que ésta no los dirija a las columnas. Las tropas de choque avanzan al paso largo; parte de ellas atraviesan el foso y penetran en la obra; el resto espera en el exterior, con el fin de acudir a donde convenga.

Las reservas se aproximan para apoyar la maniobra o la retirada. Si las tropas de choque se apoderan de la obra, las sigue el resto y organiza inmediatamente la defensa, para impedir que la recupere el enemigo. Sin perder tiempo se procede al asalto del reducto de seguridad, si le hay; la reserva emprende la persecución del vencido, sin darle tiempo de reposo para que no se reorganice o intente resistir en una segunda línea de defensa. Durante el ataque la caballería amenaza la retirada de los defensores o su retaguardia, si las obras son abiertas.

Si el ataque es rechazado, la reserva se despliega en tanto se retira la fuerza de choque y antigua línea de tiradores, que se reorganizan al abrigo del terreno; la acción de cada arma se aprecia por su oportuno empleo.

2° ATAQUE POR SORPRESA. Únicamente cabe emplearlo cuando se tiene noticia que la guarnición presta mal el servicio de seguridad, está diezmada o debilitada por enfermedades y mala alimentación o es inhábil el que la manda.

La hora mejor para los ataques es antes de amanecer, porque así se puede hacer la persecución durante el día. Se aprovecharán noches tempestuosas y obscuras o en tiempo de lluvia v espesas nieblas.

Es conveniente simular el ataque por varios puntos a la vez, porque así se le obliga a dividir sus fuerzas y pierde tiempo para reflexionar y obrar.

Gran parte del éxito depende del modo de preparar y ejecutar la marcha. Reconocer el terreno, llevar guías, no llevar vanguardias numerosas, sino algunas patrullas cercanas, preveer todos los detalles posibles para evitar contra órdenes, precaver extravíos, silencio completo, evitar todo lo que pueda causar alarma, son precauciones necesarias que deben tomarse para dar un buen ataque de sorpresa. Cuando haya de marcharse fuera de camino, es conveniente emplear brújulas de limbo fosforescente: cada compañía debe ir provista de una linterna que solamente ilumine, por un lado.

Antes de llegar a la posición, se detiene la cabeza de la columna o columnas, con objeto de pasar del orden de marcha al de combate. Si se marcha en varias columnas paralelas, la operación se reduce en tiempo y dificultades. La ejecución del combate se reduce al avance hasta las posiciones sin disparar un tiro; la maniobra ofrecerá tantas más probabilidades de éxito cuanto sea menos complicada.

A veces convendrá, si se conoce la distribución de las fuerzas del contrario, destinar fracciones, especialmente al cometido de apoderarse de tal o cual punto avanzado, gran guardia, etc.: en este caso conviene atacarlos después de rebasados, es decir, por su línea natural de retirada.

Se comprende que han de realizar mejor las sorpresas los conocedores de la localidad, y que cuenten con buen espionaje, que aquel que ha de servirse de guía y en cada habitante tenga un enemigo. El arma más apropiada para la sorpresa es la INFANTERÍA; la caballería, las más de las veces no podrá combatir sino pie á tierra y auxiliar al éxito más que tomar en el combate parte principal, por dificultar su acción los obstáculos del terreno.

La artillería tiene aplicación muy limitada: se reduce a disparar algunos proyectiles en el momento preciso de realizar la sorpresa o a proteger la retirada.

La hora en que el servicio de vigilancia decae es al amanecer; por consiguiente, es la mejor hora para el ataque. Se organizan tantas columnas como objetivos.

Las tropas deben marchar con el servicio de seguridad muy inmediato; a la artillería se le dedica una escolta especial. La caballería, sobre todo si el objeto del ataque es una localidad, se establece en el exterior, con el fin de apoderarse de los fugitivos.

El asalto debe verificarse de una vez, es decir, sin preliminares, a ser posible sin disparar un tiro; las pequeñas patrullas de vanguardia arrollan a los centinelas y puestos avanzados del contrario, y una vez en el interior del campamento enemigo, se acuchilla a todo el que intente hacer u organizar resistencia, los Jefes, Oficiales y los cornetas o tambores que llamen alarma.

Las reservas acudirán prontamente en apoyo de las fuerzas que han hecho la sorpresa, para aprovechar los resultados obtenidos, o en caso de ser rechazados, para contener el ímpetu del defensor.

Si el enemigo está sobre aviso y no cuenta con elementos para obtener á viva fuerza lo que se trata de alcanzar por sorpresa, habrá que retirarse lo más rápidamente posible antes que aquél organice la persecución; a este fin convendrá tener señal convenida y puesto de reunión señalado.

2° Defensa. - La defensa puede ser:

1° *Contra el ataque a viva fuerza.*

2° *Contra la sorpresa.*

PRIMER CASO. - Para prevenir con tiempo el ataque, debe montarse un servicio de seguridad acomodado a la distancia a que el enemigo se encuentre, y, por tanto, probabilidad de combate, y al número de defensores y género de obra que se ocupe [abierta o cerrada]. En el interior de las obras se calcula 1,5 a 2 hombres por metro de frente, de éstos se destinan # o t a reserva interior o especial. Tanta fuerza como la destinada a las obras a reserva exterior de ellas; además la reserva general para que resulten 6 a 8 hombres por metro de frente.

La distribución de tropas en una obra abierta por la gola se reduce a fraccionarlas en tres grupos:

1° Defensores del parapeto con sus sostenes.

2° Reservas especiales [o parciales], y

3° Reserva general o exterior.

Si hay reducto de seguridad. se le destina una guarnición especial o destacamento. En una obra cerrada se distribuyen las tropas de igual modo, pero a menos de ser muy extensa, se funden en una misma las reservas parciales y la general. *Cada unidad debe tener asignado su puesto de combate para caso de alarma.*

Señalada la presencia del enemigo, se establecen en la banqueta los defensores del parapeto; a su retaguardia [las obras tienen disposiciones para este objeto] su sostén. Las reservas parciales, en posición central tras de las obras que han de socorrer, o por donde hayan de desembocar y a cubierto por el terreno o abrigos construidos a propósito inmediatas a la gola de la obra si es abierta; la reserva general detrás del centro o ala, según donde fuere más necesaria su intervención ofensiva.

Esta última posición ocupa la caballería. La artillería ocupa los espaldones que se habrán construido a propósito.

La defensa de las obras atraviesa varias fases. Los puestos, avanzadas o patrullas sostienen el combate para que el avance del enemigo sea lento, y se averigüe bien el número y disposición de los atacantes, y la defensa tenga tiempo para tomar sus disposiciones. Durante el período que el atacante esté a cubierto y cañonea la obra a larga distancia, fuera del alcance eficaz del fusil, únicamente debe responder la artillería, y ésta sin continuar el combate hasta ser aniquilada, sino que, si es inferior a la atacante, se retira y pone a cubierto, reservándose para el combate cercano. La intervención de la infantería defensora, en número y clase de tropas, es según hemos visto al tratar del combate ofensivo defensivo; en tanto no hacen fuego más que los mejores tiradores, los demás están a cubierto, sentados en las banquetas ó foso de la trinchera. Cuando aparecen las columnas de asalto, la artillería dirige a ellas su fuego, y toda la infantería posible ocupa la banqueta con igual fin. Los fuegos deben ser por descargas hasta que el enemigo esté muy inmediato, 180 a 200 m., que será rápido. Se aprovecharán para avivar el fuego los momentos en que el atacante esté al descubierto o detenido por las defensas accesorias. Las ametralladoras tienen gran aplicación para batir las avenidas obligadas del enemigo.

Cuando el atacante llega inmediato a la obra y desciende a su foso, los defensores del parapeto y sus sostenes se colocan sobre el plano de fuegos, empleando el fuego y la bayoneta, BOMBAS DE MANO y cuantos medios de destrucción tenga, rechazan al enemigo; y si la obra no tiene foso exterior, se lanzan a la bayoneta contra el frente del atacante, que llega descompuesto; en tanto que los sostenes o las reservas parciales, saliendo por las rampas, le atacan por los flancos.

La artillería hace fuego con metralla. La reserva general combate como fuerza de contraataque, si se trata de un combate defensivo ofensivo o solamente para arrojar al atacante de la obra si llega a invadirla, si por el número de los defensores u otras razones ha de ser solamente defensivo el combate que sostiene.

La misión de la caballería y artillería en el período del asalto y en los sucesivos, no se diferencia en nada de la ya estudiada. Si el enemigo logra salvar las trincheras y penetrar en el campo de la defensa, cabe arrojarlo de él si las reservas parciales intervienen con vigor. El reducto de seguridad o posición interior preparada con el fin de que preste el papel de tal, servirá de base para recuperar la obra si se pierde, o contener al enemigo en tanto se organiza la retirada.

SEGUNDO CASO. *La defensa contra el ataque por sorpresa.* -- Para precaverse contra los ataques por sorpresa, que como ya hemos dicho serán de noche, debe el defensor tomar todas las precauciones para ser advertido a tiempo de la aproximación del enemigo. A este fin, tratándose de fuerzas considerables, se enviarán patrullas que constantemente ronden entre las tropas del servicio avanzado v los acantonamientos o vivacs. En guerra irregular, pequeños grupos avanzados que destacarán ESCUCHAS a los sitios que no se puedan vigilar desde el puesto. En la línea de éstos se reúne madera seca para darle fuego cuando haya certeza del ataque del contrario, para hacer así el tiro más preciso. En los pinares se preferirá el ocote a la leña seca.

Si la tropa vivaquea, adopta forma aproximada de un cuadro, y si tiene algún lado a cubierto de ataques, se suprime; así se dispone la infantería; la artillería con sostén especial en el frente más apropiado para su acción. La caballería prestará el servicio de parejas, si hay buenos caminos, para dar o llevar noticias u órdenes a las avanzadas; el resto combatirá pie a tierra. En el centro del vivac, y, por tanto, del orden de combate con buenas comunicaciones reconocidas con antelación, la reserva.

Cuando el enemigo ataque, los puestos avanzados se retiran haciendo fuego y encendiendo las hogueras siguen los caminos que se les habrá designado para despejar el campo de acción de la defensa. La artillería rompe el fuego tirando con proyectiles de iluminación, y con metralla cuando el ataque se acerque; entonces también hace algunas descargas la infantería y se lanza a la bayoneta sobre el atacante.

Es preciso evitar todo desorden que propenda al pánico, fácil de producirse. Cada fracción de tropas cree que sobre ella se dirige el ataque principal. "El efecto moral, dice el General Brak, influye $\frac{8}{9}$ partes en el éxito de los ataques de noche; hay que oponer a ellos gran calma; la calma, el silencio de la defensa imponen a menudo terror al atacante; de tal manera, que el efecto moral se invierte, siendo éste el que lo sufre."

SI EL QUE MANDA CUMPLE CON SU DEBER, LO HARÁ CUMPLIR A TODO EL MUNDO, Y EN CUYO CASO LA SORPRESA ES IMPOSIBLE. Al tenerse noticias de que el enemigo se aproxima, se ordena que cada cual ocupe su puesto de combate. No se rompe el fuego sino cuando se encuentra muy inmediato, y se prefiere en todos los momentos el arma blanca.

A UN OFICIAL SORPRENDIDO NO LE QUEDA MÁS RECURSO QUE morir con gloria, INTENTANDO RECUPERAR LA POSICIÓN QUE ESTÁ EN PELIGRO POR SU IMPERICIA O DESCUIDO.

XVI
Ataque y defensa de poblaciones

Ataque. El período de reconocimiento es muy difícil; a menos que se tengan confidencias respecto á la forma en que está preparado el pueblo, no se podrá averiguar la disposición de las tropas de la defensa, ocultas, como estarán, entre las construcciones y las huertas y jardines. El atacante se apercibirá a lo lejos únicamente del grupo que forma la edificación; no puede determinar cuáles han de ser los puntos por donde ha de dirigir sus fuerzas, Y, sobre todo, por dónde conviene hacer la IRRUPCIÓN o entrada. Necesita, por consiguiente, avanzar durante el combate de reconocimiento hasta enterarse bien, a fin de proceder con conocimiento, evitando un despliegue prematuro y equivocado. La artillería principiará el combate con un fuerte cañoneo; no cabe su destrucción total, solamente los edificios exteriores, y de esos se preferirán los que batan las entradas, que de ordinario serán los caminos o boca calles al campo. No conviene abrir brechas sobre los puntos precisos de ataque hasta que la infantería esté cercana al lindero y pueda realizar el asalto antes que el defensor se aperciba para cubrir las brechas. Por estas razones, la artillería debe cuanto antes aproximarse a 1.500 o 1.600 metros, y, por consiguiente, la infantería a 800 o 1.000 metros. Entonces que ya la infantería defensora habrá señalado su presencia y que se podrá determinar los puntos de irrupción, llega el momento de dirigir las fuerzas principales á los lugares por donde ha de atacar.

Las fuerzas que han de realizar la operación, acompañadas de un destacamento de zapadores con útiles y dinamita para destruir defensas accesorias, derribar muros, puertas y demás obstáculos, marchan delante sin preliminares.

Cuando la infantería del ataque llegue a 400 o 500 m. del lindero, la artillería se situará a 1.0.0 m. o menos, con objeto de preparar el movimiento de avance con una masa considerable de hierro arriada en poco tiempo.

La caballería cubrirá los flancos y mantendrá patrullas de combate para que avisen de las maniobras de la reserva exterior. Intentará presentarse sobre la línea de retirada del defensor. En el período preparatorio del asalto y durante él, hay que temer cualquiera

maniobra contra los flancos realizada por la reserva exterior; habrá, por consiguiente, que disponer las fuerzas para hacer frente a cualquier incidente.

El ataque, como se ha dicho, habrá que dirigirlo a los salientes, y principalmente a los caminos, prefiriendo seguir aquellas direcciones que más cubran de los efectos de la artillería; debe partir de tal distancia, que sea posible recorrerla de una vez después de un vivo cañoneo que obligue al defensor a suspender o disminuir sus fuegos. En el supuesto de que las tropas del ataque se han apoderado del recinto o de parte de él, se harán fuertes a toda costa y tomarán como base para dirigir sus ataques al interior. La tendencia general debe ser de hacerse dueño cuanto antes del lindero opuesto, o sea la salida del pueblo, arrollando al efecto cuantos obstáculos se encuentren, y persiguiendo al enemigo de cerca para que no tenga tiempo de rehacerse y continuar la resistencia. La marcha del atacante por el interior del pueblo se facilita horadando los tabiques de las casas para poder tomar las barricadas de revés; pero este sistema ofrece la dificultad de ser lento; por eso habrá de preferirse el ataque de frente, partiendo de boca calles inmediatas a aquéllas. La dirección del combate en el interior del pueblo se hace muy difícil: el ruido de la fusilería, el hundimiento de los edificios arruinados o incendiados por la artillería, el desorden y desorganización inevitables en tropas que tienen que atravesar tantos obstáculos, darán lugar a que únicamente los Oficiales enérgicos y decididos, arrastrando algunos grupos de combatientes, lleven el peso del combate. No por eso debe renunciarse a enviar fuerzas donde las noticias determinen que el resultado no es contrario, y correrse, si es posible, por el exterior para que el enemigo oiga disparos por su línea de retirada. Si no obstante la rapidez y energía con que se lleve el combate, el defensor se asegura en una segunda línea de defensa o cortadura, habrá que proceder contra ella como contra la primera, si bien podrá intentarse tomarla de un rebato por el frente o flancos. Si ocupa el defensor una casa fortificada especialmente o reducto de seguridad en el primer momento, las primeras tropas que lleguen lo deben dejar a retaguardia y seguir hasta el lindero; las de reserva o que sigan a aquéllas, la atacarán cañoneándola o abriendo brecha en los muros o puertas con dinamita, hacinando combustibles para incendiarlas, etc. Este mismo procedimiento (confiar su toma a las reservas), debe seguirse con todos los edificios donde el enemigo presente gran resistencia y que no estén en un sitio de paso obligado.

RESUMIENDO: en el ataque de pueblos conviene aislar y envolver, tanto las líneas como los centros de defensa. En la persecución hay que esperar la reunión de fuerzas antes de realizarla; la caballería puede obtener resultados cargando a los fugitivos en desorden a la salida del pueblo. La artillería avanzará cuando pueda dominar la de la defensa, y hará fuego cuanto antes en la posición conquistada. El primer cañonazo disparado hará comprender al vencido el propósito decidido del atacante de asegurarse en la posición. Si aquél se mantiene en la de retirada, habrá que suspender por el momento su ataque o no, según las condiciones y la situación táctica. No se debe emprender la persecución sino por las reservas o tropas organizadas, disponiendo la defensa del pueblo para evitar que el enemigo lo recupere.

El incendio es el verdadero medio de destruir un pueblo y obligar a los defensores a abandonarlo, y este medio puede en ciertos casos ser un inconveniente para el atacante, que, dueño del pueblo, se ve obligado a atravesarlo.

Combate en las calles. Este género de combates se ofrece generalmente en los sitios o en las insurrecciones. En los combates de pueblos en guerra regular no serán tan comunes o no presentarán tales caracteres de tenacidad.

En los *sitios*, el combate se debe llevar de una manera metódica o industrial, rebasando las barricadas que el defensor habrá construido en las bifurcaciones donde tenga campo de tiro por la forma y anchura de la calle.

La resistencia de las barricadas estriba en que estén apoyadas en las casas, en cuyo caso hay que apoderarse de éstas antes que, de aquéllas, sopena de ser batidas las tropas asaltantes de frente y de flanco.

Cuando se trata de una población insurreccionada, se ocuparán con tropas los puntos céntricos de movimiento de la población, procurando no fraccionar excesivamente las fuerzas, y se formarán columnas destinadas a atacar los lugares donde la insurrección esté concentrada.

La caballería rodeará la población y se apoderará de las estaciones de ferrocarril y caminos para impedir toda comunicación de los insurrectos con el exterior.

Las columnas que hayan de atacar las barricadas prepararán el asalto con la artillería y después se lanzarán con la bayoneta sobre ellos, para lo cual se situarán en la boca calles inmediatas.

Cuando haya que atravesar alguna calle cuyas casas estén ocupadas por los insurrectos, se mandará una fila por cada lado para que haga fuego sobre los que asomen a las casas de la otra.

2° Defensa. -La defensa puede ser:

1° *Contra el ataque a viva fuerza.*

2° *Contra la sorpresa.*

PRIMER CASO. - Para prevenir con tiempo el ataque, debe montarse un servicio de seguridad acomodado a la distancia a que el enemigo se encuentre, y, por tanto, probabilidad de combate, y al número de defensores y género de obra que se ocupe [abierta o cerrada]. En el interior de las obras se calcula 1,5 a 2 hombres por metro de frente, de éstos se destinan $\frac{1}{3}$ o $\frac{1}{6}$ a reserva interior o especial. Tanta fuerza como la destinada a las obras á reserva exterior de ellas; además la reserva general para que resulten 6 a 8 hombres por metro de frente.

La distribución de tropas en una obra abierta por la gola se reduce a fraccionarlas en tres grupos:

1° Defensores del parapeto con sus sostenes.

2° Reservas especiales [o parciales], Y

3° Reserva general o exterior.

Si hay reducto de seguridad. se le destina una guarnición especial o destacamento. En una obra cerrada se distribuyen las tropas de igual modo, pero a menos de ser muy extensa, se funden en una misma las reservas parciales y la general. Cada unidad debe tener asignado su puesto de combate para caso de alarma.

Señalada la presencia del enemigo, se establecen en la banqueta los defensores del parapeto; a su retaguardia [las obras tienen disposiciones para este objeto] su sostén. Las reservas parciales, en posición central tras de las obras que han de socorrer, o por donde hayan de desembocar y a cubierto por el terreno o abrigos construidos a propósito inmediatas a la gola de la obra si es abierta; la reserva general detrás del centro o ala, según donde fuere más necesaria su intervención ofensiva.

Esta última posición ocupa la caballería. La artillería ocupa los espaldones que se habrán construido a propósito.

La defensa de las obras atraviesa varias fases. Los puestos, avanzadas o patrullas sostienen el combate para que el avance del enemigo sea lento, y se averigüe bien el número y disposición de los atacantes, y la defensa tenga tiempo para tomar sus disposiciones. Durante el período que el atacante esté a cubierto y cañonea la obra a larga distancia, fuera del alcance eficaz del fusil, únicamente debe responder la artillería, y ésta sin continuar el combate hasta ser aniquilada, sino que, si es interior a la atacante, se retira y pone a cubierto, reservándose para el combate cercano. La intervención de la infantería defensora, en número y clase de tropas, es según hemos visto al tratar del combate ofensivo defensivo; en tanto no hacen fuego más que los mejores tiradores, los demás están a cubierto, sentados en las banquetas o foso de la trinchera. Cuando aparecen las columnas de asalto, la artillería dirige a ellas su fuego, y toda la infantería posible ocupa la banqueta con igual fin. Los fuegos deben ser por descargas hasta que el enemigo esté muy inmediato, 180 a 200 m., que será rápido. Se aprovecharán para avivar el fuego los momentos en que el atacante esté al descubierto o detenido por las defensas accesorias. Las ametralladoras tienen gran aplicación para. batir las avenidas obligadas del enemigo.

Cuando el atacante llega inmediato a la obra y desciende a su foso, los defensores del parapeto y sus sostenes se colocan sobre el plano de fuegos, empleando el fuego y la bayoneta, BOMBAS DE MANO y cuantos medios de destrucción tenga, rechazan al enemigo; y si la obra no tiene foso exterior, se lanzan a la bayoneta contra el frente del atacante, que llega descompuesto, en tanto que los sostenes o las reservas parciales, saliendo por las rampas, le atacan por los flancos. La artillería hace fuego con metralla.

La reserva general combate como fuerza de contraataque, si se trata de un combate defensivo ofensivo o solamente para arrojar al atacante de la obra si llega a invadirla, si por el número de los defensores u otras razones ha de ser solamente defensivo el combate que sostiene.

La misión de la caballería y artillería en el período del asalto y en los sucesivos, no se diferencia en nada de la ya estudiada. Si el enemigo logra salvar las trincheras y penetrar en el campo de la defensa, cabe arrojarlo de él si las reservas parciales intervienen con vigor. El reducto de seguridad o posición interior preparada con el fin de que preste el papel de tal, servirá de base para recuperar la obra si se pierde, o contener al enemigo en tanto se organiza la retirada.

SEGUNDO CASO. *La defensa contra el ataque por sorpresa.* -- Para precaverse contra los ataques por sorpresa, que como ya hemos dicho serán de noche, debe el defensor tomar todas las precauciones para ser advertido a tiempo de la aproximación del enemigo. A este fin, tratándose de fuerzas considerables, se enviarán patrullas que constantemente ronden entre las tropas del servicio avanzado y los acantonamientos o vivacs. En guerra irregular, pequeños grupos avanzados que destacarán ESCUCHAS a los sitios que no se puedan vigilar desde el puesto. En la línea de éstos se reúne madera seca para darle fuego cuando haya certeza del ataque del contrario, para hacer así el tiro más preciso. En los pinares se preferirá el ocote a la leña seca.

Si la tropa vivaquea, adopta forma aproximada de un cuadro, y si tiene algún lado a cubierto de ataques, se suprime; así se dispone la infantería; la artillería con sostén especial en el frente más apropiado para su acción. La caballería prestará el servicio de parejas, si hay buenos caminos, para dar o llevar noticias u órdenes a las avanzadas; el resto combatirá pie a tierra. En el centro del vivac, y, por tanto, del orden de combate con buenas comunicaciones reconocidas con antelación, la reserva.

Cuando el enemigo ataque, los puestos avanzados se retiran haciendo fuego y encendiendo las hogueras siguen los caminos que se les habrá designado para despejar el campo de acción de la defensa. La artillería rompe el fuego tirando con proyectiles de iluminación, y con metralla cuando el ataque se acerque; entonces también hace algunas descargas la infantería y se lanza a la bayoneta sobre el atacante.

Es preciso evitar todo desorden que propenda al pánico, fácil de producirse. Cada fracción de tropas cree que sobre ella se dirige el ataque principal. "El efecto moral, dice el General Brak, influye $\frac{8}{9}$ partes en el éxito de los ataques de noche; hay que oponer a ellos gran calma; la calma, el silencio de la defensa imponen a menudo terror al atacante, de tal manera, que el efecto moral se invierte, siendo éste el que lo sufre."

SI EL QUE MANDA CUMPLE CON SU DEBER, LO HARÁ CUMPLIR Á TODO EL MUNDO, Y EN CUYO CASO LA SORPRESA ES IMPOSIBLE. Al tenerse noticias de que el enemigo se aproxima, se ordena que cada cual ocupe su puesto de combate. No se rompe el fuego sino cuando se encuentra muy inmediato, y se prefiere en todos los momentos el arma blanca.

A UN OFICIAL SORPRENDIDO NO LE QUEDA MAS RECURSO QUE *morir con gloria*, INTENTANDO RECUPERAR LA POSICIÓN QUE ESTÁ EN PELIGRO POR SU IMPERICIA O DESCUIDO.

XVI
Ataque y defensa de poblaciones

Ataque. El período de reconocimiento es muy difícil; a menos que se tengan confidencias respecto a la forma en que está preparado el pueblo, no se podrá averiguar la disposición de las tropas de la defensa, ocultas, como estarán, entre las construcciones y las huertas y jardines. El atacante se apercibirá a lo lejos únicamente del grupo que forma la edificación; no puede determinar cuáles han de ser los puntos por donde ha de dirigir sus fuerzas, y, sobre todo, por dónde conviene hacer la IRRUPCIÓN o entrada. Necesita, por consiguiente, avanzar durante el combate de reconocimiento hasta enterarse bien, a fin de proceder con conocimiento, evitando un despliegue prematuro y equivocado. La artillería principiará el combate con un fuerte cañoneo; no cabe su destrucción total, solamente los edificios exteriores, y de esos se preferirán los que batan las entradas, que de ordinario serán los caminos o bocacalles al campo. No conviene abrir brechas sobre los puntos precisos de ataque hasta que la infantería esté cercana al lindero v pueda realizar el asalto antes que el defensor se aperciba para cubrir las brechas.

Por estas razones, la artillería debe cuanto antes aproximarse a 1.500 o 1.600 metros, y, por consiguiente, la infantería a 800 o 1.000 metros. Entonces que ya la infantería defensora habrá señalado su presencia y que se podrá determinar los puntos de irrupción, llega el momento de dirigir las fuerzas principales a los lugares por donde ha de atacar.

Las fuerzas que han de realizar la operación, acompañadas de un destacamento de zapadores con útiles y dinamita para destruir defensas accesorias, derribar muros, puertas y demás obstáculos, marchan delante sin preliminares.

Cuando la infantería del ataque llegue a 400 o 500 m. del lindero, la artillería se situará a 1.0.0 m. o menos, con objeto de preparar el movimiento de avance con una masa considerable de hierro arrojada en poco tiempo.

La caballería cubrirá los flancos y mantendrá patrullas de combate para que avisen de las maniobras de la reserva exterior. Intentará presentarse sobre la línea de retirada del defensor. En el período preparatorio del asalto y durante él, hay que temer cualquiera maniobra contra los flancos realizada por la reserva exterior; habrá, por consiguiente, que disponer las fuerzas para hacer frente a cualquier incidente.

El ataque, como se ha dicho, habrá que dirigirlo a los salientes, y principalmente a los caminos, prefiriendo seguir aquellas direcciones que más cubran de los efectos de la artillería; debe partir de tal distancia, que sea posible recorrerla de una vez después de un vivo cañoneo que obligue al defensor a suspender o disminuir sus fuegos. En el supuesto de que las tropas del ataque se han apoderado del recinto o de parte de él, se harán fuertes a toda costa y tomarán como base para dirigir sus ataques al interior. La tendencia general debe ser de hacerse dueño cuanto antes del lindero opuesto, o sea la salida del pueblo, arrollando al efecto cuantos obstáculos se encuentren, y persiguiendo al enemigo de cerca para que no tenga tiempo de rehacerse y continuar la resistencia.

La marcha del atacante por el interior del pueblo se facilita horadando los tabiques de las casas para poder tomar las barricadas de revés; pero este sistema ofrece la dificultad de ser lento; por eso habrá de preferirse el ataque de frente, partiendo de bocacalles inmediatas a aquéllas. La dirección del combate en el interior del pueblo se hace muy difícil: el ruido de la fusilería, el hundimiento de los edificios arruinados o incendiados por la artillería, el desorden y desorganización inevitables en tropas que tienen que atravesar tantos obstáculos, darán lugar a que únicamente los Oficiales enérgicos y decididos, arrastrando algunos grupos de combatientes, lleven el peso del combate. No por eso debe renunciarse a enviar fuerzas donde las noticias determinen que el resultado no es contrario, y correrse, si es posible, por el exterior para que el enemigo oiga disparos por su línea de retirada.

Si no obstante la rapidez y energía con que se lleve el combate, el defensor se asegura en una segunda línea de defensa o cortadura, habrá que proceder contra ella "como contra la primera, si bien podrá intentarse tomarla de un rebato por el frente o flancos. Si ocupa el defensor una casa fortificada especialmente o reducto de seguridad en el primer momento, las primeras tropas que lleguen lo deben dejar a retaguardia y seguir hasta el lindero; las de reserva o que sigan a aquéllas, la atacarán cañoneándola o abriendo brecha en los muros o puertas con dinamita, hacinando combustibles para incendiarlas, etc. Este mismo procedimiento (confiar su toma a las reservas), debe seguirse con todos los edificios donde el enemigo presente gran resistencia y que no estén en un sitio de paso obligado.

RESUMIENDO: en el ataque de pueblos conviene aislar y envolver, tanto las líneas como los centros de defensa. En la persecución hay que esperar la reunión de fuerzas antes de realizarla; la caballería puede obtener resultados cargando a los fugitivos en desorden a la salida del pueblo. La artillería avanzará cuando pueda dominar la de la defensa, y hará fuego cuanto antes en la posición conquistada. El primer cañonazo disparado hará comprender al vencido el propósito decidido del atacante de asegurarse en la posición. Si aquél se mantiene en la de retirada, habrá que suspender por el momento su ataque o no, según las condiciones y la situación táctica. No se debe emprender la persecución sino por las reservas o tropas organizadas, disponiendo la defensa del pueblo para evitar que el enemigo lo recupere.

El incendio es el verdadero medio de destruir un pueblo y obligar a los defensores a abandonarlo, y este medio puede en ciertos casos ser un inconveniente para el atacante, que, dueño del pueblo, se ve obligado a atravesarlo.

Combate en las calles. Este género de combates se ofrece generalmente en los sitios o en las insurrecciones. En los combates de pueblos en guerra regular no serán tan comunes o no presentarán tales caracteres de tenacidad.

En los sitios, el combate se debe llevar de una manera metódica o industrial, rebasando las barricadas que el defensor habrá construido en las bifurcaciones donde tenga campo de tiro por la forma y anchura de la calle.

La resistencia de las barricadas estriba en que estén apoyadas en las casas, en cuyo caso hay que apoderarse de éstas antes que, de aquéllas, so pena de ser batidas las tropas asaltantes de frente y de flanco.

Cuando se trata de una población insurreccionada, se ocuparán con tropas los puntos céntricos de movimiento de la población, procurando no fraccionar excesivamente las fuerzas, y se formarán columnas destinadas a atacar los lugares donde la insurrección esté concentrada.

La caballería rodeará la población y se apoderará de las estaciones de ferrocarril y caminos para impedir toda comunicación de los insurrectos con el exterior.

Las columnas que hayan de atacar las barricadas prepararán el asalto con la artillería y después se lanzarán con la bayoneta sobre ellos, para lo cual se situarán en la boca calles inmediatas.

Cuando haya que atravesar alguna calle cuyas casas estén ocupadas por los insurrectos, se mandará una fila por cada lado para que haga fuego sobre los que asomen a las casas de la otra.

Caso de que los insurrectos se hagan fuertes en algún edificio que no se pueda cañonear, como sucederá de ordinario. se intentará volar las puertas ó tomar de noche por sorpresa. Al penetrar en una cara se tendrán precauciones para no ser acuchillados.

La violencia, la energía, la decisión son elementos indispensables para alcanzar resultados rápidos; hay que tener en cuenta que, por lo común, el enemigo indisciplinado, no organizado militarmente, se rendirá ante la audacia y la cohesión que las tropas deben demostrar.

Los ataques de noche, sobre todo si los sublevados ocupan edificios, pueden ser de buenos resultados.

Defensa. --Los caracteres particulares del combate en los pueblos, son que el período de preparación del ataque es grande, que la defensa en el interior puede ser muy tenaz por el apoyo que ofrecen los edificios, y que las maniobras del defensor son menos libres que en campo raso, porque lo dificultan las construcciones, aun cuando se habilitan caminos a través de ellas; aun perdido el recinto, la defensa puede continuar en el interior. Preparada la población para la defensa, como ya hemos dicho en el capítulo XIII, la defensa debe cumplir con las condiciones expuestas para el caso de atrincheramientos.

El servicio de vigilancia debe estar perfectamente establecido. Se nombrará un Jefe de Día [que prescribe nuestra Ordenanza Militar], que se encargue del servicio, á quien se dará parte de cuantas novedades ocurran. A falta de un oficial superior que desempeñe dicho servicio, se nombrará un Oficial de Día, del grado de Capitán o Teniente; se recorrerá el pueblo por patrullas, etc., y puede dividirse la población en sectores, asignando a cada uno la fuerza que lo ha de defender.

Las patrullas de caballería, y en su defecto las de infantería u Oficiales montados de esta arma, situados al frente y flancos del pueblo avisen la presencia del enemigo y sus disposiciones. Cuando las tropas de infantería enemiga aparezcan al descubierto y a distancia que el fuego sea eficaz, ocupa la tropa más avanzada la defensa, las trincheras, cercas del lindero o casas arruinadas, y rompe el fuego. La reserva interior realizará el contra ataque antes que el atacante sea dueño de las afueras.

Contra el asalto de las brechas, se empleará un fuego vivo y concentrado, preparando oportunamente voladuras. Si el enemigo logra apoderarse del lindero, de be seguirse la defensa paso a paso en el interior del pueblo, y enviar tropas frescas de las reservas, que, por medio de reacciones violentas a la bayoneta, traten de rechazarlo.

Caso de haberse organizado una cortadura o segunda línea de defensa, se sitúan a su abrigo los vencidos, protegidos por la reserva interior.

Allí se organizan y se intenta, por violentos empujes a la bayoneta y bajo la protección del fuego de los ocupantes de la línea, arrojar al contrario de la posición conquistada.

La defensa de las barricadas depende más bien de las de los edificios que están a uno y otro lado, por lo cual se deben ocupar. Si el enemigo ataca de frente las barricadas, se puede hacer sobre él un fuego muy vivo y arrojarle piedras y otros objetos que dificulten el avance.

En caso de contiendas civiles, conviene tener presente el espíritu que anime a los habitantes de la población; vigilarlos si es preciso, y no dejar que se impongan, *prosiguiendo la defensa hasta que no haya recursos para sostenerla. Así salvará su responsabilidad, y mantendrá bien sentado su humor el jefe encargad, de la defensa.*

Fig. 6.

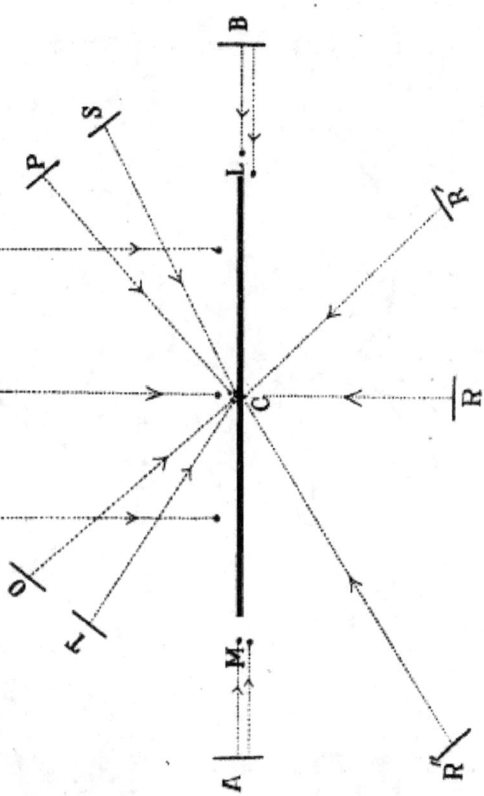

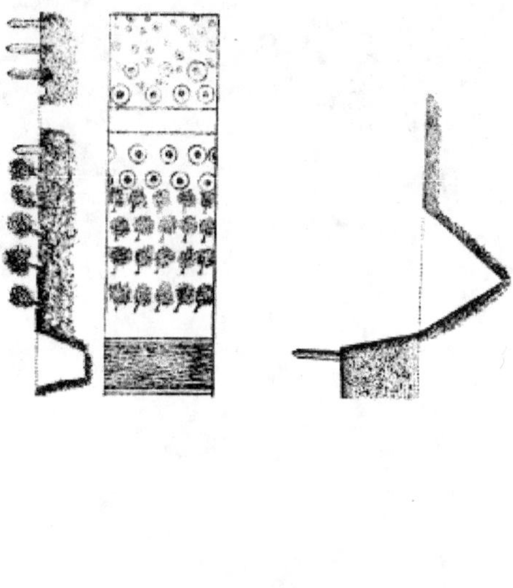

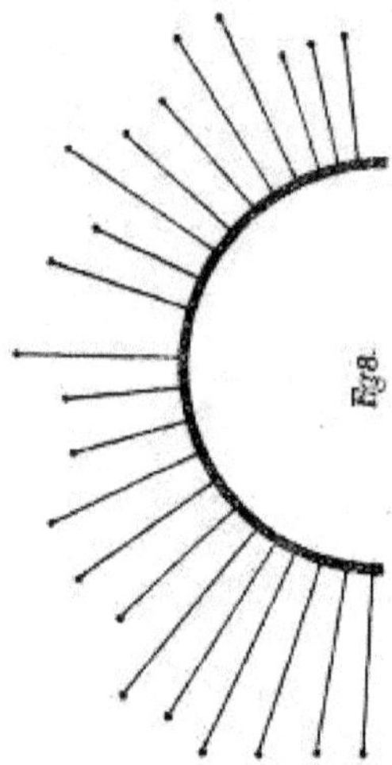
Fig.8.

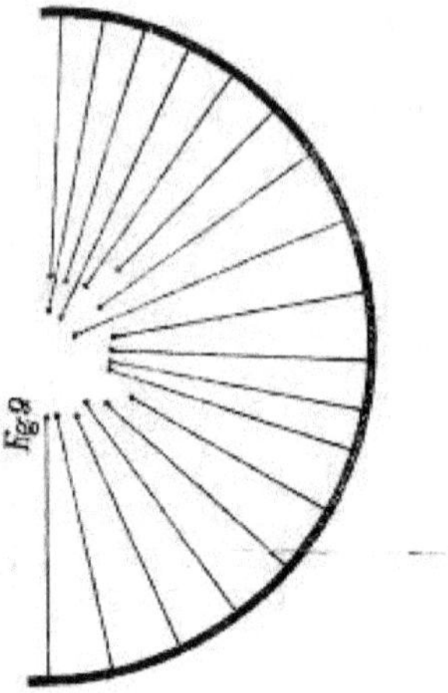
Fig.9

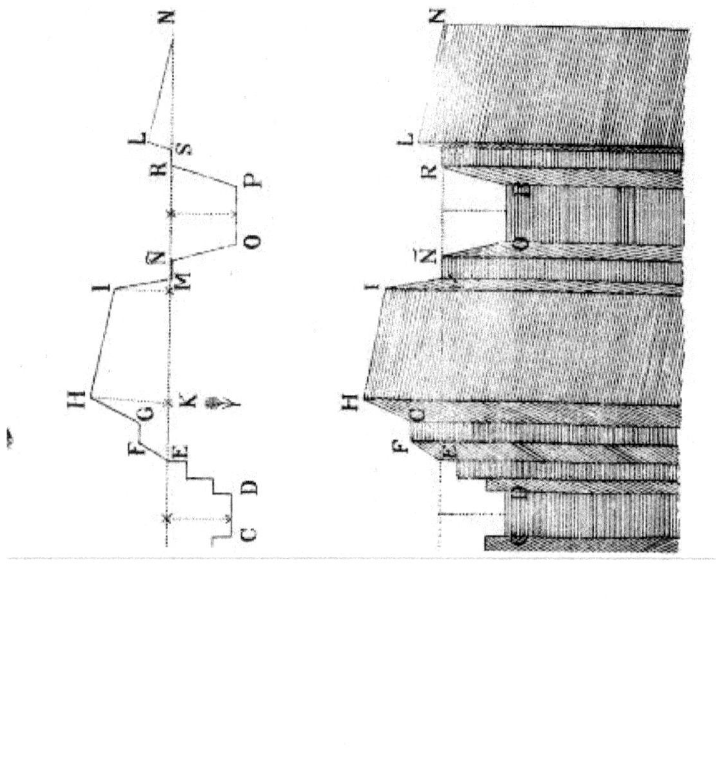
C D E F G H K I M N O P R S L N

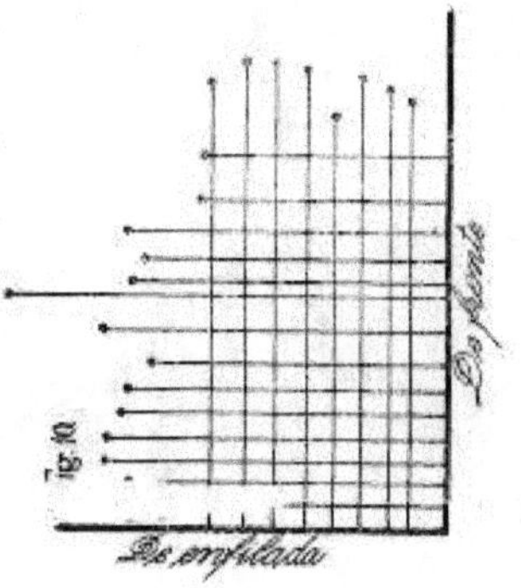
Fig 10
De enfilada
De frente

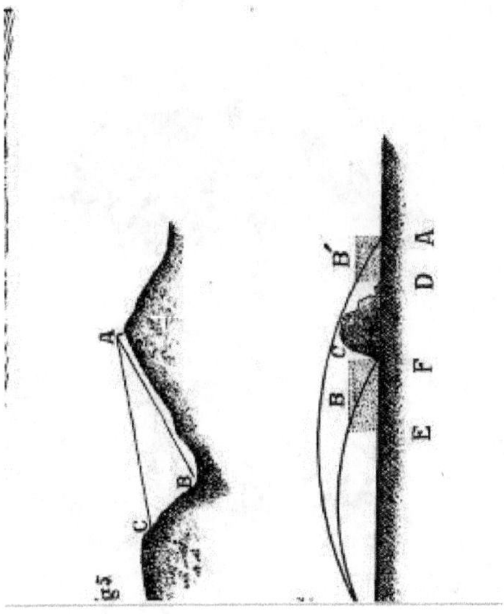
Fig 5
A
B
C
B
C
B´
E
F
D
A

Fig. 38.

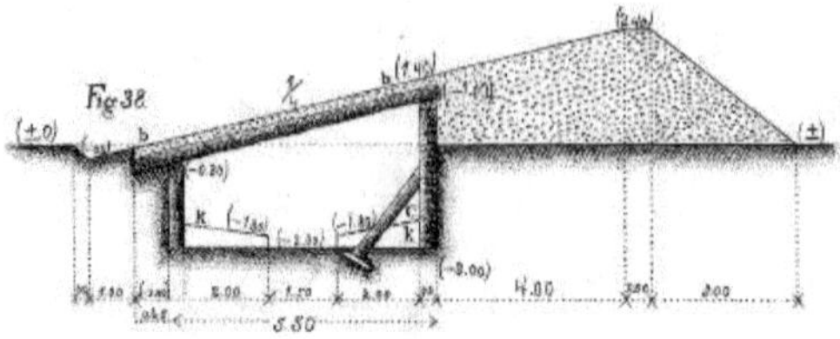

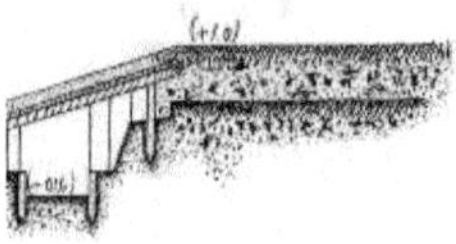

Fig. 39.

Fig. 40.

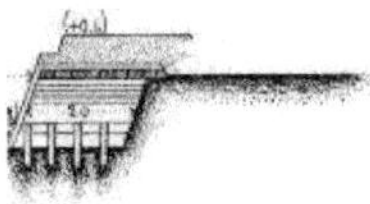

Fig. 41

Fig. 42.

Fig. 35.

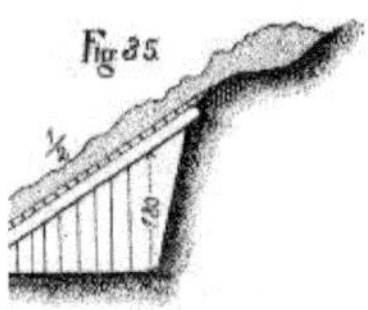

Fig. 43.

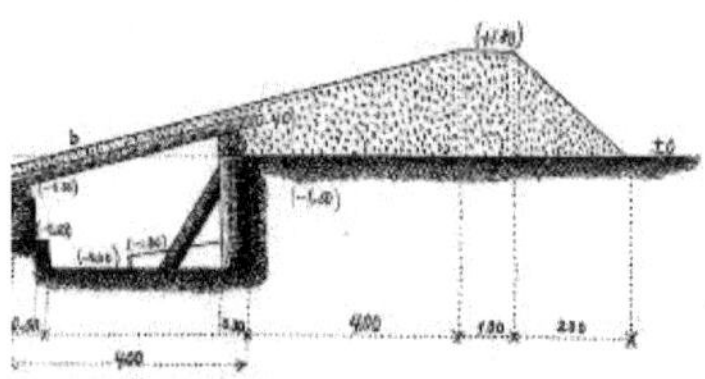

Fig. 44.

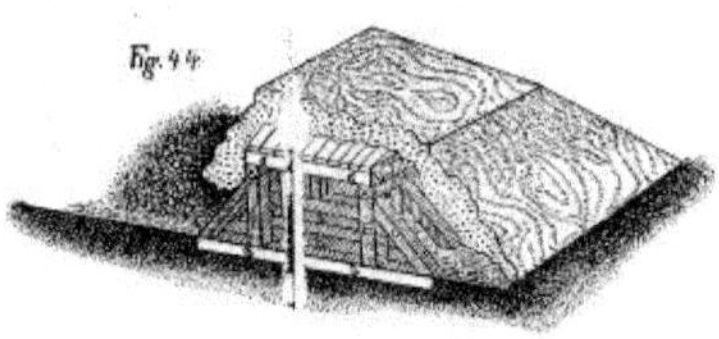

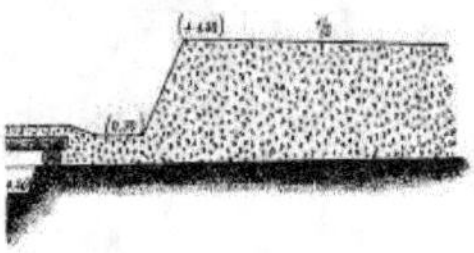

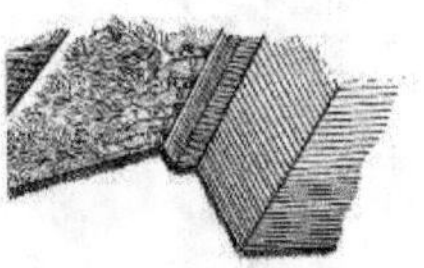

Fig 51.

Escudo empleado por los japoneses para cortar alambrados

Fig 52

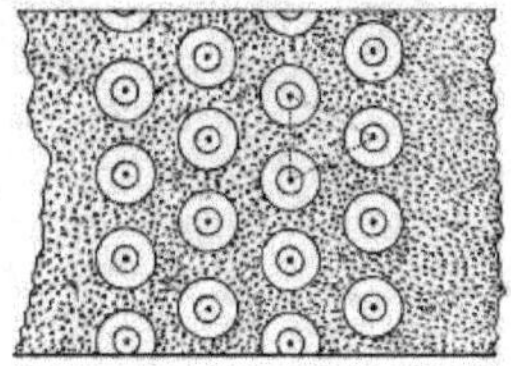

Fig 53.

Fig 54.

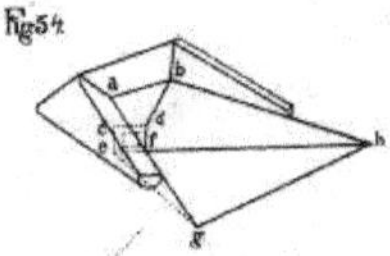

Fig 55.

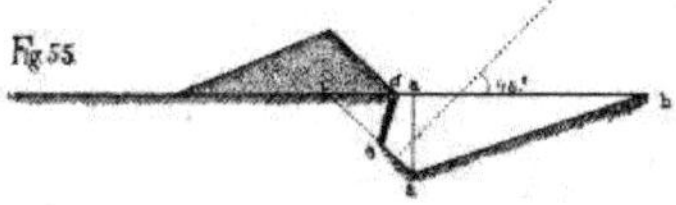

Fig 56.

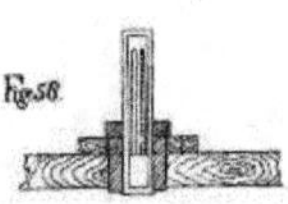

Fig 57

Fig 58

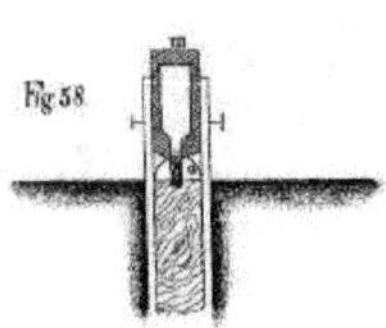

Fig 59

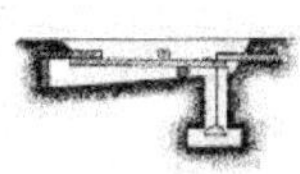

Fig. 63.

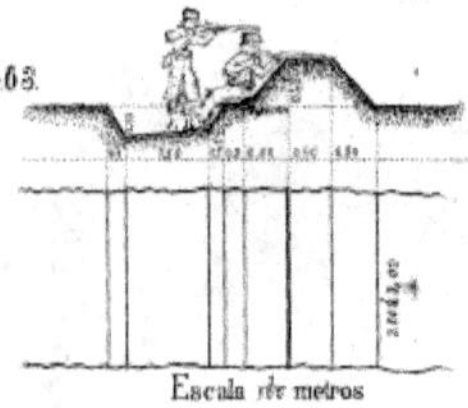

Escala 1/50 metros

Fig. 68 · Fig. 69 · Fig. 70 · Fig. 71

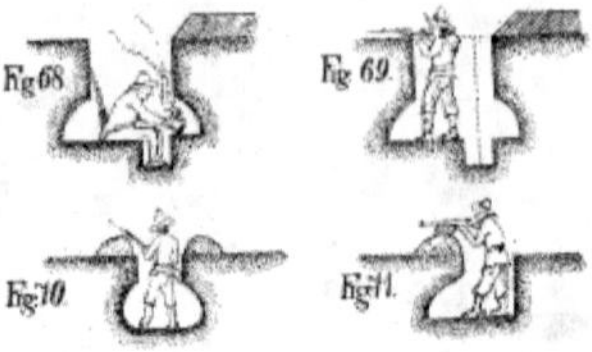

Fig. 72

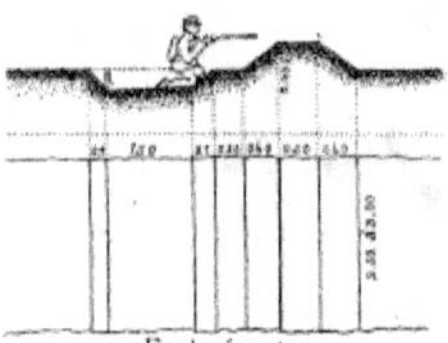

Escala 1/50 metros

Fig. 73

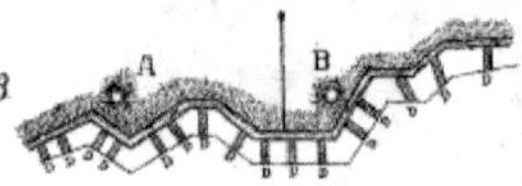

Fig. 74

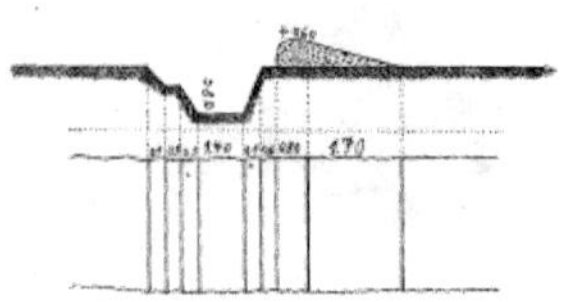

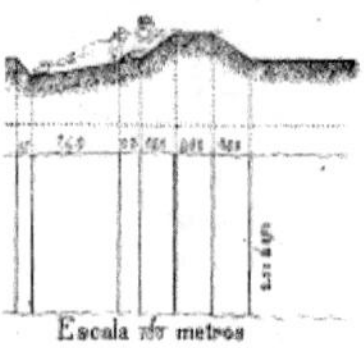

Escala 1/50 metros

Fig. 75

Escala 1/10 metros

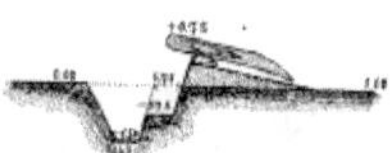

rfil ruso con aspillera cubierta y corvía.
Escalón de 0.75+0.75=1.50 m.

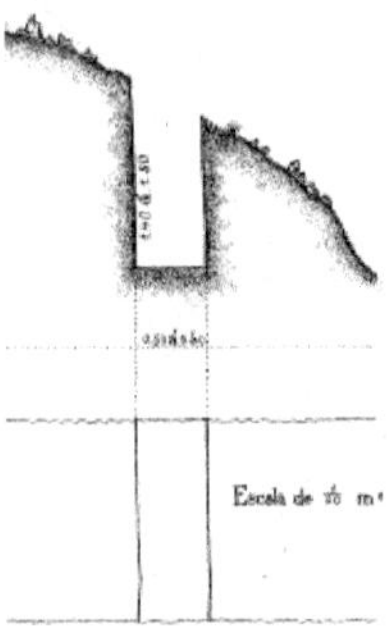

Escala de 1/10 m

Fig. 76

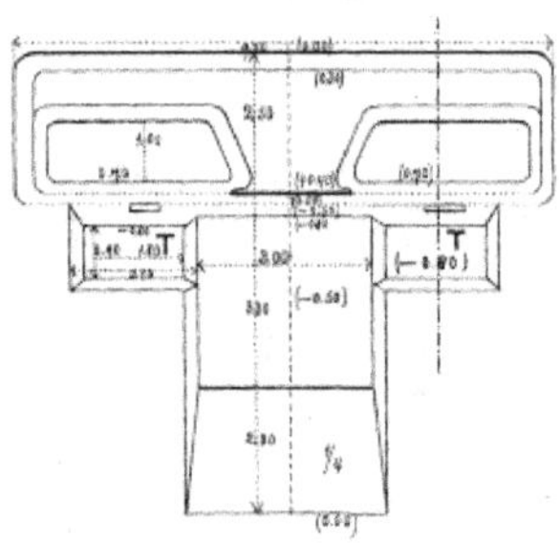

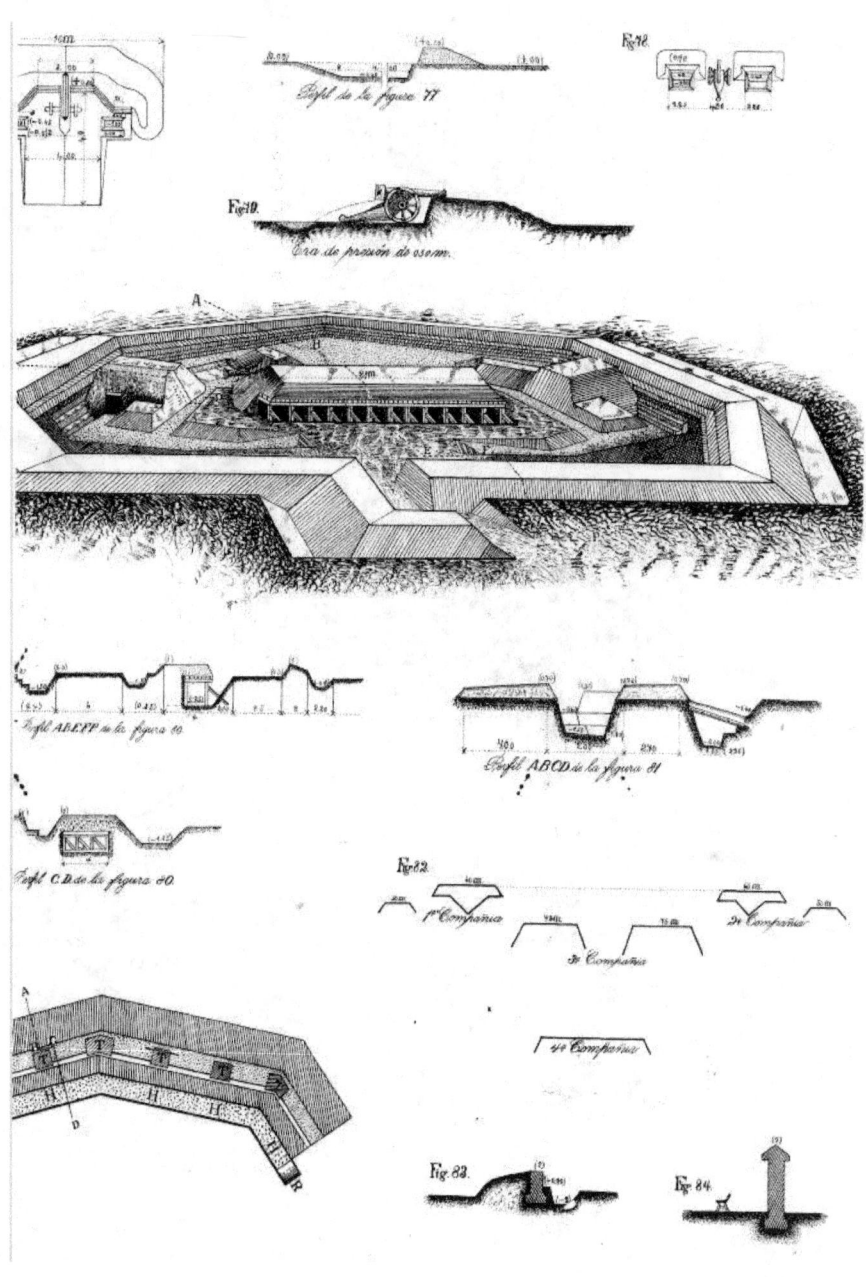

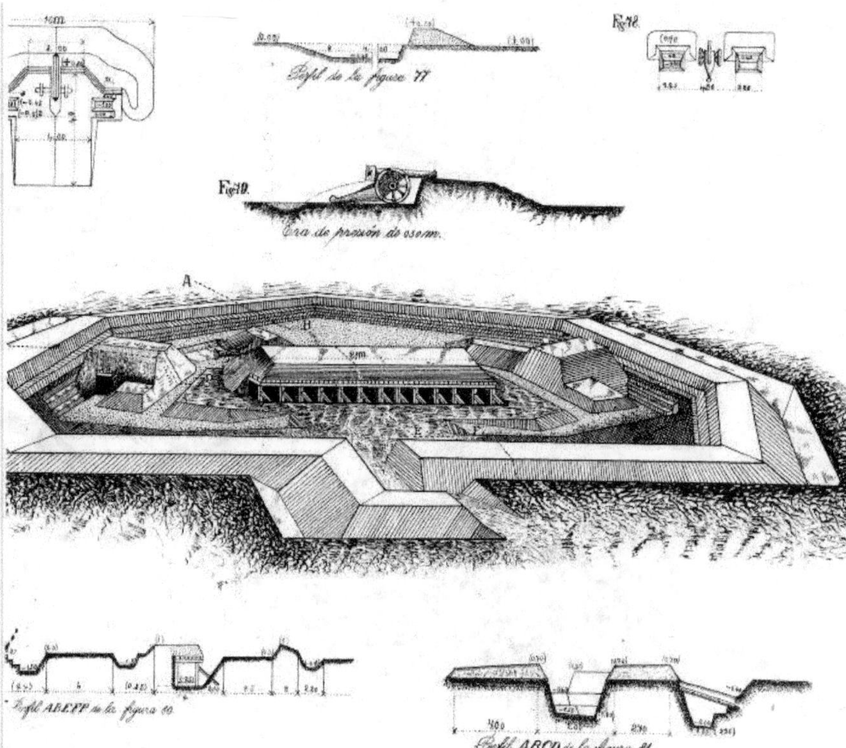
Perfil de la figura 77
Fig. 78
Fig. 79
Perfil ABEFP de la figura 80
Perfil ABCD de la figura 81
Perfil C.D. de la figura 80
Fig. 82
1ª Compañía
2ª Compañía
3ª Compañía
4ª Compañía
Fig. 83
Fig. 84

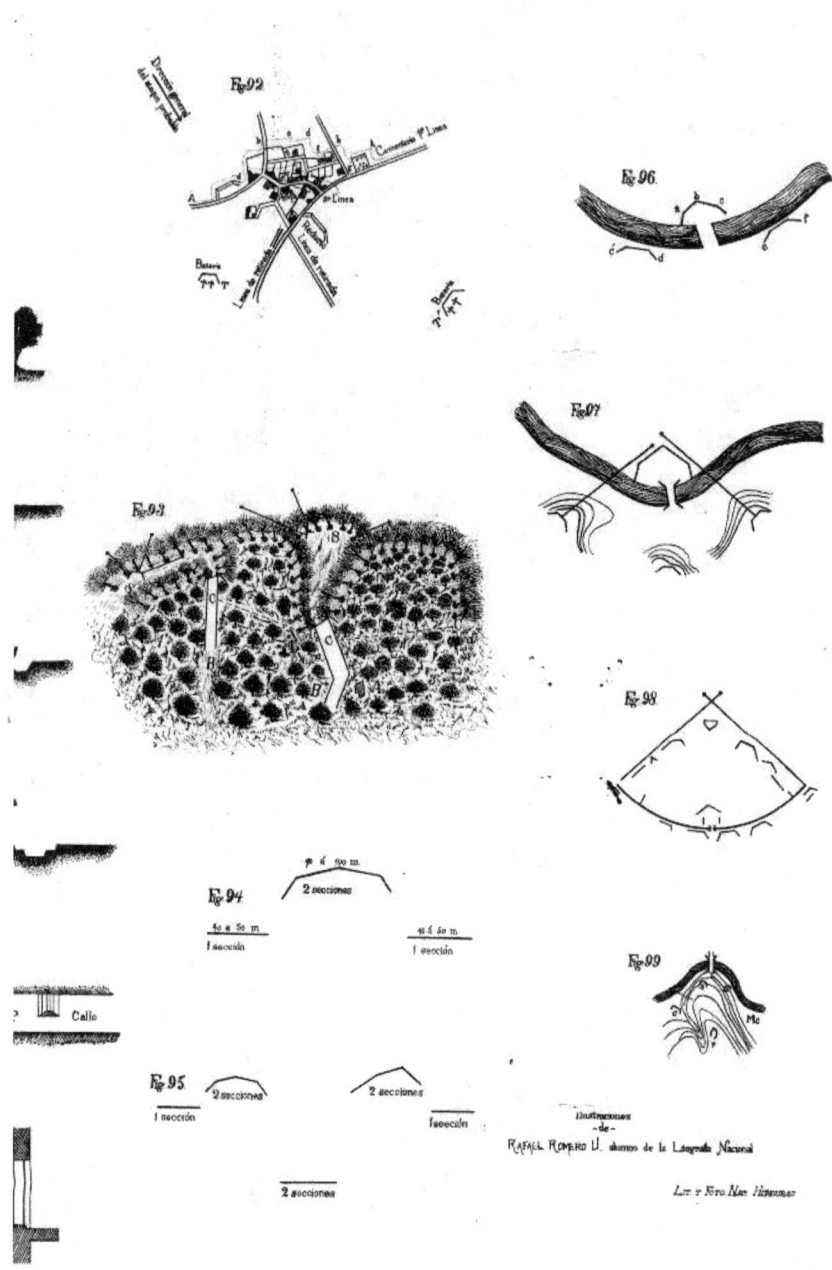

Fig. 92

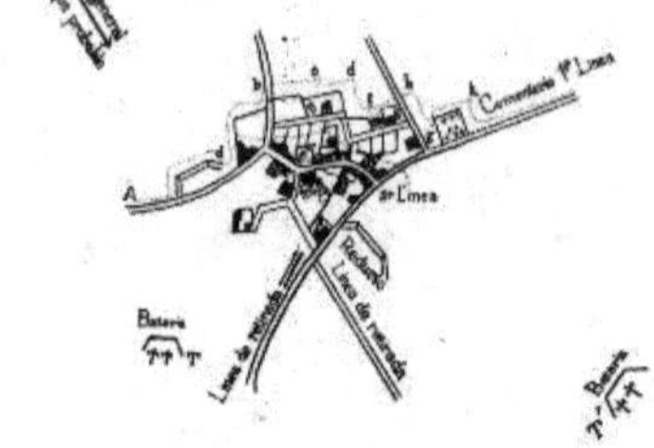

Fig. 96.

Fig. 97

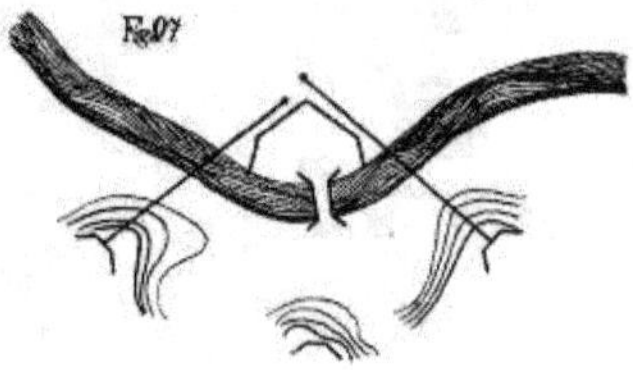

Fig. 93

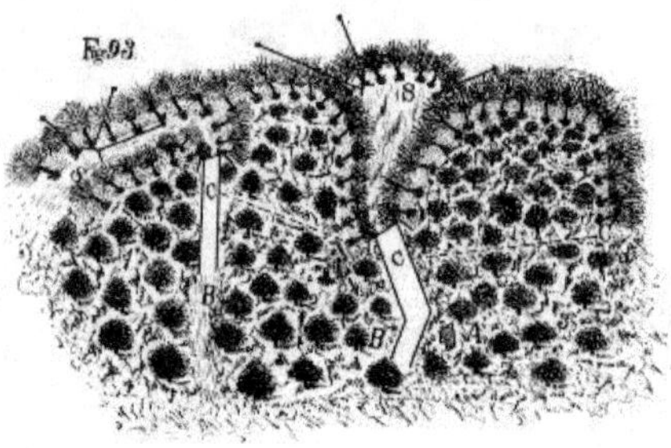

Fig. 98

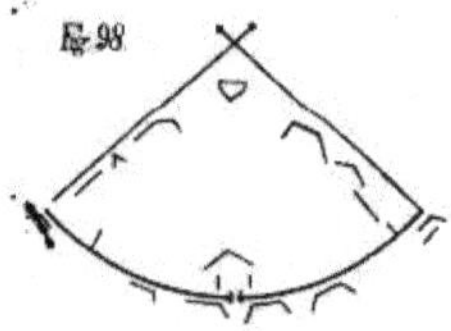

Fig. 94

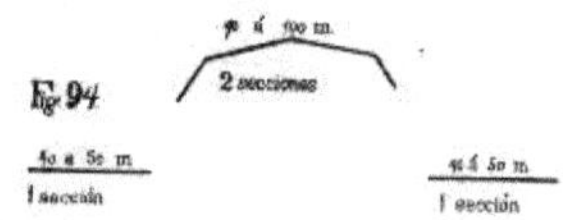

Fig. 99

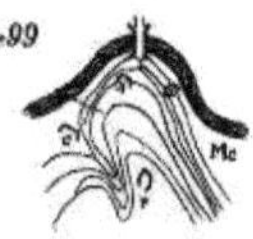

Fig. 95

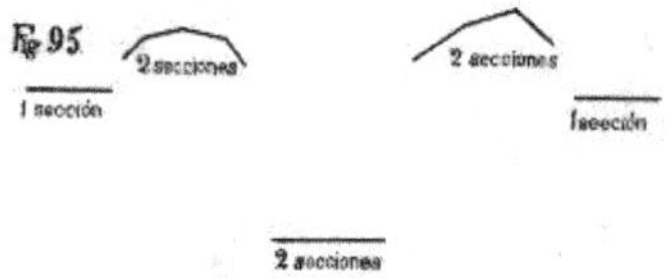

Ilustraciones
-de-
Rafael Romero U. alumno de la Litografía Nacional

Lit. y Foto. Nac. Honduras

www.ingramcontent.com/pod-product-compliance
Lightning Source LLC
Chambersburg PA
CBHW070720130626
46553CB00005B/2074

* 9 7 9 8 8 9 2 6 7 2 6 2 7 *